Friedrich List im Zeitalter der Globalisierung

Eugen Wendler

Friedrich List im Zeitalter der Globalisierung

Eine Wiederentdeckung

 Springer Gabler

Eugen Wendler
Reutlingen, Deutschland

ISBN 978-3-658-05257-7   ISBN 978-3-658-05258-4 (eBook)
DOI 10.1007/978-3-658-05258-4

Die Deutsche Nationalbibliothek verzeichnet diese Publikation in der Deutschen Nationalbibliografie; detaillierte bibliografische Daten sind im Internet über http://dnb.d-nb.de abrufbar.

Springer Gabler
© Springer Fachmedien Wiesbaden 2014

Lektorat: Stefanie Brich, Katharina Harsdorf
Satz: Fotosatz Keppler, Pfullingen
Schrift: Stempel Garamond
Bildnachweis für Titelei: Faksimile von Friedrich Lists Unterschrift;
Original im Besitz des Autors

Gedruckt auf säurefreiem und chlorfrei gebleichtem Papier

Springer Gabler ist eine Marke von Springer DE.
Springer DE ist Teil der Fachverlagsgruppe Springer Science+Business Media.
www.springer-gabler.de

Meinem verehrten Kollegen und Freund
Professor Siegfried Höwelmann,
dem Wegbereiter der „Reutlinger Betriebswirtschaft",
in Dankbarkeit gewidmet.

Geleitwort von Prof. Dr. Hendrik Brumme, Präsident der Hochschule Reutlingen

Am 1. Oktober 1971 ist das damalige Hochschulgesetz des Landes Baden-Württemberg in Kraft getreten. Darin wurde als neuartiger Hochschultyp die Fachhochschule ins Leben gerufen. Mit dem neuen Gesetz wurde die Staatliche Ingenieurschule Reutlingen in eine Fachhochschule umgewandelt und gleichzeitig der Fachbereich Betriebswirtschaft gegründet. Prof. Dr. Dr. Wendler war einer von fünf Dozenten, die in den neuen Fachbereich berufen wurden. Bis zu seiner Emeritierung 2004 hat er über einen Zeitraum von 32 Jahren hinweg, seine ganze Kraft in den Dienst der Reutlinger Betriebswirtschaft gestellt und maßgeblich an deren Erfolgsgeschichte mitgewirkt, die 1995 mit dem ersten deutschen Hochschulranking, bei dem die Fachhochschule Reutlingen auf Anhieb den ersten Platz belegte, ihren ersten Höhepunkt erlebte.

In seiner Funktion als Professor für Internationales Marketing, Marktpsychologie und Kommunikationspolitik hat Prof. Dr. Dr. Eugen Wendler sein fundiertes Fachwissen an unzählige Studenten weitergegeben, eine Vielzahl von Diplom-Arbeiten betreut und zusammen mit zwei anderen Kollegen ein Fachbuch herausgegeben sowie zahlreiche wissenschaftliche Aufsätze veröffentlicht und die Hochschulpartnerschaften mit Ungarn und Finnland betreut.

Darüber hinaus hat er sich als Historiker der Hochschulgeschichte verdient gemacht. Kollege Wendler hat sowohl die Festschrift zum 125-jährigen Jubiläum von Technikum und Fachhochschule als auch die Festschrift zum 150-jährigen Bestehen verfasst und in einer weiteren Schrift die Entstehungs- und Entwicklungsgeschichte der ESB Business School der Hochschule Reutlingen als Augenzeuge aufbereitet, um diese ereignisreiche Zeit vor dem Vergessen zu bewahren.

Von Anfang an widmete sich Eugen Wendler der Wiederentdeckung des Reutlinger Nationalökonomen Friedrich List. Dazu hat er nicht nur 1992 das „Friedrich-List-Institut für historische und aktuelle Wirtschaftsstudien" an unserer Hochschule gegründet, sondern sich auch durch seine vielen Entdeckungen und Publikationen als List-Forscher in nationalen und internationalen Fachkreisen einen Namen gemacht. Das hier vorliegende Buch steht damit in einer langen Reihe beachteter Beiträge Eugen Wendlers zur wissenschaftlichen Diskussion.

Für seine Verdienste um die Hochschule Reutlingen hat die ESB Business School ihn neben den Gründervätern der Reutlinger Betriebswirtschaft im Jahre 2010 mit der Namensgebung eines Hörsaales geehrt.

Reutlingen, 20. März 2014   Prof. Dr. Hendrik Brumme

Geleitwort von Prof. Dr. Stephan Seiter, Direktor des „Friedrich-List-Instituts für historische und aktuelle Wirtschaftsstudien" an der Hochschule Reutlingen

Im Herbst 2012 hat mir mein Kollege und Freund Eugen Wendler das von ihm 1992 gegründete „Friedrich-List-Institut für historische und aktuelle Wirtschaftsstudien" übertragen. Dabei war es das erklärte Ziel von uns beiden, dass der künftige Forschungsschwerpunkt auf aktuellen Themen liegen soll, die mit Lists ökonomischem Denken im Zusammenhang stehen. In meiner Eigenschaft als Professor für Volkswirtschaftslehre und Quantitative Methoden an der ESB Business School mit den Lehr- und Forschungsgebieten Wachstumstheorie und -politik sowie Außenwirtschaft sehe ich vielfältige Anknüpfungspunkte an Lists Gedankengebäude.

Anlässlich des 225. Geburtstages von Friedrich List werde ich zusammen mit Prof. Dr. Harald Hagemann von der Universität Hohenheim und Eugen Wendler ein internationales Symposium an der Hochschule organisieren. Hierbei werden die beiden jüngsten List-Publikationen von Eugen Wendler, „Friedrich List (1789–1846) – Ein Ökonom mit Weitblick und sozialer Verantwortung" sowie der hier vorliegende Ergänzungsband: „Friedrich List (1789–1846) – Die Renaissance eines Klassikers der Politischen Ökonomie im Zeitalter der Globalisierung", eine geradezu ideale Grundlage für die wissenschaftliche Diskussion bilden.

Das erfreuliche Interesse an dieser Veranstaltung belegt, dass die große Aktualität und internationale Ausrichtung von Lists Ideen nicht nur die mit Reutlingen verbundenen Ökonomen wie Eugen Wendler und mich begeistern, sondern auf globale Resonanz stoßen. Vor diesem Hintergrund und da die Hochschule Reutlingen traditionell eine erfolgreiche internationale Ausrichtung besitzt, wäre die Aufnahme des Namens von Friedrich List als Vordenker der Sozialen Marktwirtschaft und der europäischen Integration in die offizielle Bezeichnung der Hochschule Reutlingen zu begrüßen.

Eugen Wendler hat sich ein Leben lang mit Friedrich List und dessen Werk beschäftigt und sich als einsamer Rufer in der Wüste durchgekämpft und allen Widerständen zum Trotz ein beachtliches Lebenswerk von 15 List-Monographien geschaffen. Er erfährt jetzt die hoch verdiente Anerkennung für seinen unermüdlichen Einsatz, für den ich ihm an dieser Stelle meinen persönlichen Dank aussprechen möchte.

Reutlingen, 22. März 2014   Prof. Dr. Stephan Seiter

Vorwort

Im Vorgriff auf den 225. Geburtstag von Friedrich List habe ich im Herbst 2013 die von mir verfasste biographische Wirkungsgeschichte „Friedrich List (1789–1846) – Ein Ökonom mit Weitblick und sozialer Verantwortung" in Zusammenarbeit mit dem Verlag Springer Gabler herausgebracht. Sie sollte eigentlich den Schlussstein meiner Bemühungen um die List-Forschung bilden. Seit dem Erscheinen dieses Buches bin ich aber auf weitere bisher unbekannte Quellen und Themen gestoßen, die nicht zuletzt durch Einladungen zu Vorträgen angeregt wurden.

Da sich diese neuen Spuren direkt an die biographische Wirkungsgeschichte anschließen, war es mein Wunsch, diese in einer weiteren Schrift zusammenzufassen. Deswegen bin ich dem Verlag Springer Gabler sehr dankbar, dass er dieses Vorhaben aufgegriffen und mir dadurch gleichsam zu einem zweiten Band verholfen hat. Mein ganz besonderer Dank gilt dabei Frau Stefanie Brich für ihr persönliches Engagement und die hervorragende Zusammenarbeit bei beiden Werken.

Außerdem bin ich dem Präsidenten der Hochschule Reutlingen, Prof. Dr. Hendrik Brumme, und meinem Nachfolger als Direktor des „Friedrich-List-Instituts für historische und aktuelle Wirtschaftsstudien" Prof. Dr. Stephan Seiter für die beiden Geleitworte mit herzlichem Dank verbunden.

Ferner ist es mir ein Bedürfnis, Herrn Fritz Keppler wieder für die Anfertigung des Satzes zu danken, der dem eingangs erwähnten „ersten Band" formal und satztechnisch weitgehend angeglichen wurde, um beide Werke als Einheit erscheinen zu lassen.

Ich widme diese Schrift meinem verehrten Kollegen und Freund Prof. Siegfried Höwelmann, der mich 1972 an den neu gegründeten Fachbereich Betriebswirtschaft der Hochschule Reutlingen berufen und mir dadurch die Möglichkeit zu einer wissenschaftlichen Laufbahn eröffnet hat. Ohne diese Voraussetzung wäre es mir unmöglich gewesen, mich derart intensiv mit der List-Forschung und anderen Forschungsthemen zu befassen. Nicht zuletzt gilt mein Dank meiner lieben Christl für ihre verlässliche Unterstützung. List hat seine Frau Karoline als die Frau mit „der himmlischen Sanftmut" bezeichnet. Ähnliches könnte ich auch von meiner Frau sagen, allerdings mit der deutlichen Einschränkung, dass sie 33 Umzüge in zwei Kontinenten sicher nicht mitgemacht hätte.

Da es sich bei den folgenden Kapiteln um in sich abgeschlossene Beiträge handelt, waren Redundanzen nicht ganz zu vermeiden. Dafür bitte ich um Verständnis!

Reutlingen, 1. März 2014   Prof. Dr. Dr. Eugen Wendler

Inhaltsverzeichnis

Geleitwort von Prof. Dr. Hendrik Brumme
Präsident der Hochschule Reutlingen 7

Geleitwort von Prof. Dr. Stephan Seiter
Direktor des „Friedrich-List-Instituts für historische
und aktuelle Wirtschaftsstudien" an der Hochschule Reutlingen 9

Vorwort 11

I. Anekdoten aus dem Leben von Friedrich List

1. Wie ich zur List-Forschung gekommen bin 17
2. Anekdoten aus Lists Jugend- und Reifezeit 18
3. Anekdoten aus der Zeit der Emigration 21
4. Anekdoten nach Lists endgültiger Rückkehr nach Europa 27

II. Friedrich List und seine Familienangehörigen

1. Die Ansicht von Friedrich List über Ehe und Familie 31
2. Karoline – die Frau mit der himmlischen Sanftmut 32
3. Emilie – die treue Seele 34
4. Oskar – ein junger Mann voller Herzensgüte 36
5. Elise – die stille Schönheit 38
6. Lina – die talentierte Malerin 41
7. Zusammenfassung 42

III. Friedrich List und die „Demagogengesellschaft" von 1825
auf dem Hohenasperg

1. Die deutsche Burschenschaft und die Karlsbader Beschlüsse 43
2. „Demagogie" und „demagogische Verbindungen" 44
3. Die Inhaftierung von Friedrich List auf dem Hohenasperg 45
4. Die Mitglieder der Demagogengesellschaft 46
5. Haftbedingungen 54
6. Die Entlassung der Häftlinge 55

14

IV. Lists Beschwerden über den Artikel „Eisenbahnen"
im Brockhausischen Bilder-Konversationslexikon von 1837

1. Vorbemerkung   57
2. Geraffte inhaltliche Wiedergabe des Eisenbahnartikels   58
3. Lists persönliche Bezüge zum Brockhaus-Verlag
   bzw. zu Friedrich und Heinrich Brockhaus   59
4. Lists Verärgerung über den Eisenbahnartikel   62
5. Der Wortlaut der beiden Beschwerdebriefe   62

V. „Meine Augen sind auf Europa gerichtet"
Friedrich List und die europäische Integration

1. Die Integrationsidee von Friedrich List   65
2. Die publizistische Umsetzung des Europagedankens   69
3. Die wirtschaftliche Integration von Europa   70
4. Die politische Integration von Europa   73
5. Bemühungen um eine deutsch-englische Allianz   75
6. Schlussbetrachtung   78

VI. Technologischer Fortschritt und Science Fiction bei Friedrich List

1. Der Begriff Science Fiction und das Technologieverständnis
   von Friedrich List   79
2. Science Fiction im Bereich der Kommunikationstechnik   81
3. Science Fiction im Hinblick auf das Fliegen   83
4. Science Fiction im Bereich der Waffentechnik   85
5. Science Fiction im Bereich der Chemie   86
6. Science Fiction in der Landwirtschaft   87
7. Science Fiction in der Maschinentechnik   87
8. Science Fiction im Bereich der Heilmittel   88
9. Zusammenfassung   88

VII. Die sieben Todsünden der Ökonomie aus der Sicht von Friedrich List

1. Die sieben christlichen Todsünden   89
2. Bestechung oder Korruption   90
3. Körperliche Schwerstarbeit, insbesondere übermäßig anstrengende
   Frauen- und Kinderarbeit   93
4. Ausbeutung der Arbeiter durch Fabrikanten und andere Unternehmer   94
5. Sklaven- und Drogenhandel   95
6. Habgier und Spekulationssucht   97
7. Natur- und Umweltzerstörung   98
8. Nationale Hybris und nationaler Egoismus   99
9. Fazit   102

VIII. Mosaiksteine zur List-Rezeption in China

1. Das Meinungsbild von Friedrich List über China   105
2. Ma Yinchu – der bedeutendste Wirtschaftswissenschaftler in China
   im 20. Jahrhundert   106
3. Ma Yinchu's Meinungsäußerung über Friedrich List   107
4. Die Übersetzung des „Nationalen Systems" ins Chinesische   109
5. Die chinesische Wirtschaftspolitik unter Mao Zedong   110
6. Der Beitritt Chinas zur WTO   113
7. Aktuelle Bedeutung von Friedrich List in China   113

IX. Warum sollte sich die Hochschule Reutlingen den Namen „Friedrich List" zulegen?

1. Die historischen Verdienste von Friedrich List   115
2. Systemische Leitmotive von Lists Gedankengebäude   117
3. Das Studienspektrum der Hochschule Reutlingen und die wesentlichen
   Grundpfeiler von Lehre und Forschung   123
4. Schlussbemerkung   126

X. Weshalb man Friedrich List als Vordenker der Sozialen Marktwirtschaft bezeichnen darf

1. Historische Wurzeln der Sozialen Marktwirtschaft   127
2. Der Begriff „Soziale Marktwirtschaft"   129
3. Die wichtigsten Merkmale der Sozialen Marktwirtschaft
   und deren theoretische Entsprechung bei Friedrich List   130
4. Das „Magische Sechseck" der Sozialen Marktwirtschaft   132
5. Das Infant-Industry-Argument als notwendiges Steuerungsinstrument
   der Sozialen Marktwirtschaft   133
6. Jüngere empirische Befunde zum Erfolgsmodell
   der Sozialen Marktwirtschaft   134
7. Fazit   135

Quellenverzeichnis   137

Buchpublikationen des Autors   141

I. Kapitel
Anekdoten aus dem Leben von Friedrich List

1. Wie ich zur List-Forschung gekommen bin

Im Sommer 1971 habe ich Reiterferien in der Wildschönau am Wilden Kaiser verbracht. An einem sonnigen Nachmittag bin ich in das Inntal nach Kufstein gefahren, um mir die Tiroler Grenzstadt näher anzuschauen. Ich wusste wohl, dass sich Friedrich List in Kufstein das Leben genommen hatte, aber ich hatte keine Ahnung, was mich bei meinem Stadtbummel erwarten würde.

Instinktiv bin ich zum nahe gelegenen Friedhof gegangen und war dann völlig überrascht, als ich plötzlich vor einer großen Grabplatte mit der Aufschrift „Deutschlands Friedr. List" stand. Später erfuhr ich, dass das Grab früher noch von einer reich verzierten gusseisernen Einfriedung umgeben war und, dass das Grab von böhmischen und tschechischen Industriellen aus Prag gestiftet wurde. Wahrscheinlich wurde die Einfriedung im II. Weltkrieg eingeschmolzen. Beim Anblick der Grabplatte wurde ich nachdenklich, und ich fragte mich, wie kommt es, dass ein Ausländer, zudem noch ein Protestant und Selbstmörder, auf einem katholischen Friedhof eine so ehrenvolle Begräbnisstätte gefunden hat. Später lernte ich, dass die beiden Ärzte, die den Tod festzustellen hatten und der Stadtpfarrer alles taten, um die Todesursache und die Konfession zu verschleiern, damit der Leichnam unter Anteilnahme der Bevölkerung ein ehrenvolles Begräbnis bekommen konnte. Sie nahmen dabei bewusst in Kauf, dass es dafür Kritik und Ärger geben könnte. Diese Personen wussten offenbar genau, um wen es sich bei dem Toten gehandelt hat und welche Verdienste sich List erworben hatte. Auch heute noch verdient dieses mutige Verhalten großen Respekt.

Gedanken versunken verließ ich den Friedhof und entdeckte plötzlich ein Schild mit der Aufschrift „zum List-Denkmal". Ich hatte keine Ahnung, dass es in Kufstein ein solches Denkmal gibt. Ich folgte dem Schild und stand

Originaleinfassung des List-Grabes in Kufstein; Foto: Stadtarchiv Kufstein.

nach einem kurzen Spaziergang vor einer ca. ein Meter hohen Tuffsteinsäule mit der Aufschrift: „Lists Ende". Später erfuhr ich, dass diese Säule von einem Kufsteiner Schneidermeister gestiftet wurde, der als zehnjähriger Junge mit seinem Vater beim Auffinden des Leichnams zugegen war. Außerdem hat er noch vier Kastanienbäume darum herum gepflanzt.

Aber das Schild „zum List-Denkmal" zeigte weiter. Nach einigen Schritten öffnete sich der Wald, und ich stand vor einem wundervollen Säulenhalbrund in der Form eines griechischen Tempels, in dessen Mitte sich ein großer Marmorblock befindet, auf dem Friedrich List überlebensgroß sitzend, auf die zauberhafte Kulisse von Kufstein, das Inntal und hinüber nach Bayern blickt. Das Denkmal wurde 1906 von einem Kufsteiner Bildhauer geschaffen und von der Tiroler Grenzstadt finanziert. Auf der Rückseite des Sockels ist ein Vierzeiler des Dichters Martin Greif eingemeißelt. Er lautet:

„Ein Anwalt ohne Sold, bemüht fürs Vaterland!
Ein Kämpfer, dem kein Gold den starken Willen band.
Ein Held, der weit hinaussah übe seine Zeit.
Ein Sämann, dem als Haus das Sternenzelt bereit!"

Schräg hinter dem Sockel befindet sich eine Bank, auf der ein österreichisches Ehepaar mittleren Alters saß. Ich hörte gerade, wie sie ihn fragte: „War jetzt dös der Komponist?" Darauf er auf den Sockel blickend: „Na, na! Anwalt war er!"

Diese Eindrücke haben wie ein Weckruf gewirkt und mich nachhaltig dazu herausgefordert, mich intensiv mit dem Leben und Wirken von Friedrich List zu beschäftigen. In der Zwischenzeit sind 43 Jahre vergangen und noch immer lässt mich diese Auseinandersetzung nicht los!

2. Anekdoten aus Lists Jugend- und Reifezeit

Nachdem Friedrich List seine Schulzeit an der Lateinschule in Reutlingen beendet hatte, absolvierte er zunächst im väterlichen Betrieb eine Lehre als Weißgerber. Dabei gab es zwischen dem 2 Jahre älteren Bruder Johannes und dem Vater einerseits und dem jüngeren Lehrling andererseits immer wieder Streit und Meinungsverschiedenheiten, weil der Jüngere den „überhirnischen Einfall" hatte, die schwere körperliche Arbeit in der Gerberei durch Maschinen, die von der Wasserkraft der Echaz angetrieben werden, zu ersetzen. Über das gespannte Verhältnis berichtet Lists Jugendfreund und spätere Bürgermeister August Merkh:

„Kaum hatte ihn der Ältere aus den Augen gelassen, so hatte der Jüngere den Schabbaum verlassen, war aus der Werkstätte verschwunden und lag in einem benachbarten Garten unter einem Baum, behaglich seine Pfeife schmauchend und ein spannendes Buch in der Hand. Auch liebte er es, statt im Betrieb zu arbeiten, auf einem nahe gelegenen kleinen Weiher herumzupaddeln, wobei ein mulden-förmiger Trog als Nachen und eine Ofengabel als Ruderstange dienten; und sein Bruder Johannes, der dem jüngeren nicht ins Wasser folgen konnte, sah sich öfters veranlasst, diesen mit Steinwürfen aus dem Weiher herauszujagen und wieder zur Arbeit anzutreiben. Bald waren sich der Vater und der ältere Bruder einig, dass mit diesem ‚nichtsnutzigen Lehrling' in der Gerberei nichts anzufangen sei und so brauchte es einige Zeit, bis man endlich einen Ausweg gefunden und beschlossen hat, dass der junge Friedrich eine zweite Ausbildung als württembergischer Schreiber absolvieren sollte."

Diese leistete er in der Stadt- und Amtsschreiberei in Blaubeuren ab. Sein dorti-ger Lehrherr war der tüchtige Verwaltungsfachmann Dr. Christoph Friedrich Luz. Der Lehrling wurde, wie damals üblich, in die Familie seines Prinzipals auf-genommen und selbstverständlich mussten die Lehrlinge bei den Hausarbeiten mithelfen. Neben Friedrich List gab es aber noch einen anderen Lehrling, der seine Ausbildung etwas früher begonnen hatte. Diesem überließ der Jüngere gegen ein großzügiges Honorar das Tischdecken in der Familie seines Lehrherrn. Er fühlte sich offenbar als etwas Besseres und entledigte sich auf diese Weise der lästigen Mithilfe im Haushalt seines Prinzipals.

In seiner Eigenschaft als Abgeordneter seiner Vaterstadt Reutlingen im würt-tembergischen Landtag verfasste List bekanntlich seine berühmte Reutlinger Petition, in der er in scharfen Worten die politischen, bürokratischen und ökono-mischen Missstände im Königreich Württemberg kritisierte. Die heftige Kritik, die er in der Präambel zum Ausdruck brachte, hatte nicht nur seinen Ausschluss aus der Deputiertenkammer, sondern auch die Verurteilung zu einer zehnmonati-gen Festungshaft mit angemessener Beschäftigung durch den Kriminalgerichtshof in Esslingen zur Folge.

Zwischen dem Ausschluss aus dem Parlament und der Verurteilung durch das Gericht engagierte er sich an einem Vitriolwerk in Oedendorf bei Backnang und einem Kohlevorkommen bei Spiegelberg im württembergischen Unterland. In je-ner Zeit machte er auch einen Abstecher nach Weinsberg, um dort seinen Freund, den Arzt und Dichter Justinus Kerner zu besuchen. Bei dieser Gelegenheit lernte er den Dichter Achim v. Arnim kennen, der zusammen mit Clemens Brentano die erste deutsche Volksliedsammlung „Des Knaben Wunderhorn" herausgege-ben hat. Von Kerners Sohn Theobald ist aus dieser Begegnung eine nette Episode überliefert, die für das leidenschaftliche Temperament von Friedrich List charak-teristisch ist. „Einst fuhr List mit Achim v. Arnim im Einspänner meines Vaters nach Heilbronn. Mein Vater kutschierte. List und Arnim hatten schon in Weins-berg einen heißen politischen, nationalökonomischen Streit gehabt, den sie in der Kutsche des Doktors fortsetzten. Plötzlich zog ein Gewitter mit starkem Platz-regen auf; mein Vater flüchtete sich vom Bock in die Chaise und kutschierte von da aus weiter. List und Arnim, der Volkstribun und der Patrizier, mussten sich ab-

wechselnd auf den Schoß nehmen. Ich weiß noch, wie mein Vater erzählte: Am Anfang saß List auf Arnim und zwar aus lauter Gutmütigkeit; er machte sich in seinem grauen Umhang nichts daraus, dass der Regen auf ihn einspritzte und wollte dem fein gekleideten Arnim sozusagen als Spritzleder dienen. List war aber in der Lebhaftigkeit des Gesprächs so unruhig, halb aufspringend von Arnims Schenkel, bald wieder prall auf denselben niederfallend, dem Freiherrn quasi a posteriori die Richtigkeit seiner nationalökonomischen Ansichten beweisend, dass Arnim es bald vorzog, sich auf den Schoß von List zu setzen, von dessen Arm umspannt er sanft ruhte und dafür aber auch wieder bärenhart gedrückt wurde."
„Beide waren froh, als der kleine Noahkasten sich in Heilbronn am Gasthof ‚Zur Sonne' zum Aussteigen öffnete; aber das Liebe an der Geschichte war, dass sie als recht gute Freunde schieden und dankbar Gottes gnädige Fügung anerkannten, der durch direkten Einfluss des Himmels die nord- und süddeutschen widerstrebenden Elemente so gründlich zu einem einigen Deutschland amalgamiert hatte."
Als List von dem vernichtenden Urteil des Kriminalgerichtshofes in Esslingen Kenntnis erlangte, beschloss er, sich der Vollstreckung zu entziehen und nach Straßburg zu fliehen, um von dort aus seine ehrenvolle Rehabilitierung zu betreiben. Allerdings wurde er nach einem kurzen Aufenthalt auf Betreiben der württembergischen Regierung, die vom französischen Innenminister die Auslieferung verlangte, gezwungen, in das Großherzogtum Baden zu flüchten. Da der französische Innenminister befürchtete, dass List wieder nach Straßburg zurückkehren könnte, erteilte er dem Präfekten des Departements Niederrhein die strikte Anweisung, wenn es List wagen sollte, wieder französischen Boden zu betreten, ihn sofort von der Gendarmerie festnehmen und über die Grenze abschieben zu lassen.

Chaise, wie sie Justinus Kerner benutzte.

Wie aufmerksam man im „Departement Bas-Rhin" eine mögliche Rückkehr von Friedrich List verfolgte, zeigt eine nette Anekdote, die ich in dem entsprechenden List-Dossier der Stadtpolizei von Straßburg gefunden habe. Am 28.11.1823 wandte sich der Präfekt des Niederrheins an den Straßburger Bürgermeister. Darin schreibt er in französischer Sprache: Ich habe der Passagierliste der Dauphine-Post entnommen, dass unter dem 19. d. M. ein gewisser List, Grundbesitzer, in Begleitung seiner Familie aus Wien kommend, hier eingetroffen ist und in der Herberge „Zur Blume" logiert. Ich bitte Sie, mir über diesen Ausländer rasch Auskunft zu geben, denn es kann sein, dass es sich hierbei um den berühmten Professor List handelt, über den ich bereits die Ehre (!) hatte, Ihnen mitzuteilen, dass es sich um einen gefährlichen Menschen handelt. Sie wollen mir bitte möglichst schnell das Ergebnis Ihrer Erkundigungen mitteilen.

Bereits am nächsten Tag antwortete der Bürgermeister ebenfalls in Französisch: Der Reisende, um den Sie mich gebeten haben, hat einen ähnlich lautenden Namen wie der Professor Friedrich List aus Stuttgart. Er nennt sich Adam Liszt, der in Edelsthal in Ungarn geboren wurde. Er reist mit seiner Frau und wird von ihrem 11jährigen Sohn Franz Liszt begleitet. Dieser ist ein Klavierkünstler, von dem es heißt, dass er außergewöhnliches Talent besitzt und frühreif ist. Die Familie besitzt einen gültigen Pass für Paris und London, der von der französischen Botschaft in Wien ausgestellt ist. Die Familie logiert in der Herberge „Zur Blume" und will sich noch einige Tage in der Stadt aufhalten.

Hier haben wir also bereits die erste, auch heute noch sehr häufige Verwechslung zwischen Friedrich List und Franz Liszt.

3. Anekdoten aus der Zeit der Emigration

Nun war List bemüht, sein Glück in der Schweiz zu versuchen. Wegen der dort bestehenden relativ großzügigen Aufnahmepraxis im Kanton Aargau beantragte er in Aarau Asyl. Da es aber auch bei den dortigen Behörden erneut Schwierigkeiten gab und sich das Asylverfahren verzögerte, unternahm er mit einigen anderen deutschen Emigranten eine mehrtägige Reise an den Vierwaldstätter See. Über diese Reise berichtet einer der Teilnehmer, Wolfang Menzel, in seinen Erinnerungen: „Wir fuhren über den Vierwaldstätter See nach Flüelen und Altdorf. Unterwegs kamen wir am Rütli und an der Tellsplatte vorbei." Auf der Überfahrt ereignete sich ein bezeichnender Vorfall: „Während wir über den schönen See fuhren, erzählte uns List sein Schicksal und brach in einen Strom der Verwünschungen gegen die württembergische Schreiberei aus. Indem er sich zornig im Kahn erhob, die geballten Fäuste ausstreckte und zähneknirschend schrie: ‚O Schreiber, Schreiber!' schwankte der Kahn und List fiel um, so dass er bald ertrunken wäre, wenn wir ihn nicht gehalten hätten. In Flüelen „kehrten wir wieder um und wollten in Brunnen übernachten. Es war schon spät und der Mond schien hell auf den

See und die Felsenufer. Aber ein böser Wind erhob sich und wir kamen in nicht geringe Gefahr, namentlich am Kleinen Axen, sodass wir in Versuchung kamen, den Tellensprung zu machen, um uns auf die Tellsplatte zu retten. Doch kamen wir glücklich in Brunnen an."

Da sich die Niederlassungsbewilligung in Aarau nochmals verzögerte, reiste List ohne gültige Papiere von dort nach Basel zurück, um hier mit seiner Familie, d.h. seiner Frau und den drei kleinen Kindern, zusammenzutreffen. Wegen der fehlenden Papiere ließ ihn der Basler Polizeipräsident jedoch festnehmen und zwei Tage im Basler Lohnhof einsperren. Die polizeiliche Vernehmung und die Gefängniszelle schildert List wie folgt: „Nachdem ich einige Sekunden vor dem Herrn Polizeidirektor gestanden hatte, richtete dieser seine Blicke auf mich. Der ganze Ausdruck seines Gesichtes zeigte leidenschaftliche Erregung, seine ganze Haltung war drohend. ‚Wer hat Ihnen erlaubt', hub er mit lauter heftiger Stimme an, hierher zu kommen?' Vergebens machte ich Versuche, zu sprechen. Der Polizeidirektor überschüttete mich mit einer Flut von Vorwürfen in dem beleidigendsten, drohendsten Ton, stand endlich von seinem Sitz mit der größten Heftigkeit auf, kam gegen die Türe, wo ich stand, öffnete sie und schrie: ‚Hinaus! Hinaus! Wache! In Arrest! Ich will Sie Ordnung lehren!'" Draußen empfing ihn ein Polizeidiener mit einem feuerroten Gesicht. Dieser stieß einen Stuhl auf den Boden und befahl: ‚Hier hergesetzt und sich nicht gerührt, oder ich will dich mores lehren!' Zunächst ließ List den Wachhabenden austoben, dann sagte er zu den herumstehenden Polizisten fest und bestimmt: „Verhaften, meine Herren, mögen Sie mich, aber wenn Sie mich zwingen wollen, auf diesen Stuhl zu sitzen, so müssen Sie Gewalt anwenden."

Über den Zustand der Gefängniszelle schreibt List in seinem Tagebuch: „Das Fenster war mit Gittern wohl verwahrt, die Kammer etwa 10 Fuß lang und acht breit. An Möbeln waren vorrätig ein Tisch, eine kleine Schranne (d.h. Truhe), eine Bettlade mit Strohsack und Strohpfulben (d.h. Strohkissen) und eine schmutzige Wolldecke. Auf dem Tisch lag die Bibel; neben ihr stand ein Wasserkrug und ein Tintenzeug." Die Frau des Kerkermeisters habe ihm dann noch ein hölzernes Gefäß mit Deckel gebracht und zu verstehen gegeben, dass dies „zu einem gewissen Behuf" diene.

Hinsichtlich der Verpflegung beschwerte sich List, dass es ihm verweigert wurde, Speise und Trank von zu Hause, d.h. von seiner Frau oder einem Gasthof kommen zu lassen. Denn er habe es nicht fertig gebracht, die Frau des Gefangenenaufsehers um ein Essen zu bitten, weil ihn der Ekel überkommen sei, als er gesehen habe, dass „an diesem hässlichen Kopf die Oberlippe abgefressen" war. Der Stadtarzt habe jedoch dafür Verständnis gezeigt, dass ihm unter solchen Umständen ein Gefängnisessen nicht zuzumuten sei und ihm stattdessen „eine Bouteille Wein, ein Stück Brot und eine Wurst kommen lassen."

Aus seinem Schweizer Exil kehrte List freiwillig nach Württemberg zurück, wurde aber sofort gefangen genommen und zur Verbüßung der Freiheitsstrafe auf den Hohenasperg gebracht. Unter der Bedingung, für immer in die USA auszuwandern, kam er, nachdem er etwa zwei Drittel der Strafe abgesessen hatte, frei. Wie schwer es ihm und seiner Familie fiel, seine Heimat verlassen zu müssen, hielt er in ergreifenden Worten in seinem Tagebuch fest: „Am 15. April 1825 mit Tagesanbruch zogen wir weiter, schwer bepackt hinten und vorn wie Auswanderer sind und im Leichenschritt, als fürchteten wir, zu schnell die deutsche Grenze zu erreichen; wir Eltern saßen in schweren Gedanken. Jeder war in seinen Schmerz versunken, keiner wagte aufzublicken, aus Furcht, dem anderen sein Inneres zu verraten. Da stimmten die Kinder das Lied an: ‚Auf, auf ihr Brüder und seid stark! Wir ziehen über Land und Meer nach Nordamerika!' - und nun war es unmöglich, unseren Schmerz länger zu verhalten. Mein teures Weib war die erste, die sich fasste: ‚Du hast dir nichts vorzuwerfen, du hast gehandelt wie ein Mann. Wir ziehen nicht aus Mutwillen; fassen wir uns in Gottes Namen; er hat es über uns verhängt; er wird uns beschützen. Nun, Kinder, wollen wir mitsingen.' Es war einer der schönsten Frühlingsmorgen, die ich gesehen. Eben warf die Sonne ihre ersten Strahlen über die paradiesische Gegend der Pfalz. Der Anblick goss lindernden Balsam auf unseren Schmerz und bald sangen wir mit fröhlicher Stimme alle Lieder, die wir von Schiller wussten und zuletzt Uhlands scherzhaftes: ‚So muss ich denn die Stadt verlassen'."

Diligence in einem elsässischen Dorf.

Rasende Diligence als „Schnellpost".

Die Auswanderer benutzten für ihre Reise eine Diligence, also eine Schnellpost, die schon nach kurzer Zeit ihrem Namen alle „Ehre" machen sollte. Das Wetter war schön und die Reisenden „befanden sich im besten Wohlsein, als mit einem mal die Pferde auf eine Weise zu rennen anfingen", wie es Lists Familie noch nie erlebt hatte. Es ging „über Stock und Stein, bergauf und bergab, als wären Fuhrmann und Pferde rasend geworden." Schließlich kamen drei andere Diligencen hinzu, die mit der eigenen ein Wettrennen veranstalteten. Bald war die eine, bald wieder eine andere voraus; kurzum es gab „ein Wettrennen auf Leben und Tod". Frau List wurde ohnmächtig und die Kinder schrieen fürchterlich vor Angst. List versuchte den Kutscher zu mäßigen, was aber nichts half. Im Gegenteil, er drückte nur noch stärker auf das Tempo. So ging die Tortur drei Stationen weiter bis schließlich zur Erleichterung der Reisenden ein Rad brach; erst danach bequemte sich der Kutscher wieder zivilisiert weiterzufahren.

In Le Havre bestiegen die Auswanderer das Paketboot Henry. An den meisten Tagen und Nächten der sechswöchigen Überfahrt herrschte derart stürmisches und nasskaltes Wetter, dass die Passagiere häufig erkrankten. Der erfahrene Kapitän beklagte, dass er seit 30 Jahren zur See fahre, aber noch nie derart schlechtes Wetter gehabt habe. Vor allem für Frau List und die Kinder war die Überfahrt eine unvorstellbare Strapaze. Später erzählte Friedrich List oft – seine Frau neckend – sie habe bei einem besonders schweren Sturm immer gerufen: „Haltet's Schiff; haltet's Schiff!"

So empfanden es die Auswanderer wie eine Erlösung aus dem Höllenfeuer, als sie am 9. Juni 1825 die Bucht von New York erblickten und in dankbarer Beglückung ausrufen konnten: „Niedliche Landhäuser, zwischen Bäumen und grünen

Matten, Obst- und Kirschgärten; wir sehen die Kirschen auf den Bäumen, wir hören die Hähne krähen und die Vögel zwitschern und schon sieht man hie und da einen Fischer aus dem Fenster nach dem Wetter sehen. Alles ist voll Jubel, die Brust voll Seligkeit wie nur derjenige fühlen kann, der 40 Tage auf der Wasserwüste herumgeirrt. Wir ziehen uns und die Kinder festlich an, wie es des Tages würdig, an dem sie zum ersten Mal den Boden der Freiheit betreten."

In den USA betätigte sich List als Farmer in Harrisburg, weil er zunächst die englische Sprache erlernen musste. Über die dabei auftretenden Schwierigkeiten berichtet seine Tochter Emilie: Der Vater „hatte eine solche Freude darüber, dass er sich damals vornahm, sein ganzes Leben dort zu verbringen und nie mehr an den Händeln der Welt teilzunehmen. Er hatte ein Dutzend Kühe gekauft und es wurde die Meierei mit Eifer eingerichtet und betrieben. Bald aber fing der Verdruss an mit den Knechten, die das eingenommene Geld veruntreuten und davon liefen. Den Winter überstanden wir leidlich, zwar war die Kälte schrecklich, und wir waren weit davon entfernt, bequem und wohnlich eingerichtet zu sein; die notwendigsten Möbel aus weichem Holz zusammengezimmert war alles, was wir hatten; auch wurden wir Kinder nacheinander krank; - dazu amerikanische Landärzte; – kurz es gab Hauskreuz die Menge."

Anschließend fand List als Redakteur im Readinger Adler eine auskömmliche Anstellung. In seine journalistischen Beiträge streute er auch einige Anekdoten ein. Eine davon möchte ich hier zitieren:

Als Benjamin Franklin amerikanischer Botschafter in Frankreich war, hatte er bei den französischen Intellektuellen immer wieder die Meinung gehört, in Europa sei alles viel vollkommener, schöner und besser als in den jungen Vereinigten Staaten von Amerika. Die ewige Wiederholung dieses überheblichen Vorurteils ärgerte den amerikanischen Diplomaten. Um dem lächerlichen Streit ein Ende zu bereiten, organisierte er ein Gastmahl, zu dem er 10 Nordamerikaner und 10 Franzosen eingeladen hatte, die mit Bedacht ausgewählt waren. Dann setzte Franklin die Amerikaner an die eine und die Franzosen an die andere Seite des Tisches. Kaum hatte die Gesellschaft Platz genommen, war die Hänselei der Franzosen schon wieder in vollem Gange. Als einer behauptete, das Vieh sei in Frankreich viel größer und schwerer als in Nordamerika und ihm die anderen Franzosen beipflichteten, gerieten sie mit den Amerikanern in einen heftigen Streit.

Nach einer Weile mischte sich Franklin in die hitzige Diskussion ein und meinte, die Richtigkeit dieser Behauptung könne sofort überprüft werden. „Erheben Sie sich doch einen Augenblick von ihren Stühlen, meine Herren vom Land der Schwachen". Als die Amerikaner aufgestanden waren, bat Franklin jetzt auch die Franzosen, sich von ihren Sitzen zu erheben. Nun standen 10 kleine, magere, hagere und glatzköpfige Franzosen 10 baumstarken, hoch gewachsenen Amerikanern gegenüber. Dann fragte Franklin: „Nun meine Herren sollten wirklich die Geschöpfe Gottes in den Vereinigten Staaten so schwächlich sein, wie dies von den Europäern immer behautet wird?" Die Franzosen sahen beschämt aus der

Postkutsche aus der ersten Hälfte des 19. Jahrhunderts.

Wäsche und die Gesellschaft setzte sich mit einem herzhaften Gelächter wieder nieder.

List fügte noch hinzu, dass von da an die Franzosen von der Überheblichkeit gegenüber den Amerikanern kuriert gewesen seien, was allerdings doch ein wenig zweifelhaft erscheint.

In den USA wurde List sogar Opfer eines Postraubes. Am 6. Dezember 1829, einem Sonntag, befand er sich auf dem Rückweg von Philadelphia nach Reading. Er startete um ½ 3 Uhr in aller Herrgottsfrühe. Es war stockdunkel. List nahm auf dem Vordersitz Platz mit dem Rücken zum Kutscher. Außer ihm waren noch 9 Fahrgäste dabei, 8 mit ihm in der Kabine, einer saß draußen auf dem Kutschbock neben dem Kutscher. List schlummerte ein, war aber plötzlich hellwach, als die beiden Kutscherlaternen zu Bruch gingen. Er wusste zunächst nicht, was passiert war, bis ihn einer der anderen Fahrgäste fragte, ob er eine Pistole dabei habe.

Unmittelbar darauf rissen zwei der drei Banditen eine der beiden Wagentüren auf, während der dritte den Kutscher bedrohte. Dieser wurde vom Bock geholt, gefesselt und ausgeraubt, die Post auf die Straße geworfen und die beiden Pferde an einem Zaun festgebunden. Einer der Räuber, ein muskulöser, robuster Mann von mittlerer Statur, der Wache schob, forderte die Passagiere auf, eine der beiden Türen zu ihrem Schutz geschlossen zu halten, während der andere, ein hoch gewachsener, schlanker Mann mit einer Pistole herumfuchtelte und den Fahrgästen befahl, keinen Widerstand zu leisten, dann geschehe ihnen nichts. Zu List sagte er hohnlächelnd: „Das ist aber sehr schade, dass Du keine Pistole dabei hast!"

Wie beim Kutscher, wurden alle Satteltaschen und das Handgepäck der Mitreisenden von den Ganoven erbeutet. Einer wollte wissen, was List in seinem Koffer mitführe. Er antwortete, darin seien nur Papiere, die für ihn von Wichtigkeit, sonst aber wertlos seien. Kurzerhand zog der Gangster ein Messer und schlitze damit den Koffer auf.

Dann machten sich die drei Räuber mit ihrer Beute aus dem Staub. Schließlich gelang es einem der Fahrgäste, sich von seinen Fesseln zu befreien und die anderen loszubinden, sodass sie schließlich in Angst und Schrecken versetzt, ihre Reise fortsetzen konnten.

Da List und seine Familie vom Heimweh geplagt waren, suchte er nach einem Weg, um doch wieder nach Europa zurückkehren zu können. In einem nahezu einjährigen Europaaufenthalt sondierte er die Rückkehrmöglichkeiten. Dabei verkehrte er in Paris mehrfach mit zwei anderen deutschen Emigranten, dem Schriftsteller Ludwig Börne und dem Dichter Heinrich Heine. Bevor List mit dem festen Entschluss wieder in die USA zurückreiste, nun seine endgültige Rückkehr nach Europa vorzubereiten, wurde er von Börne nochmals aufgesucht und verabschiedet. Über seine Eindrücke schreibt dieser in sein Tagebuch: „List ist gestern nach Amerika zurückgereist. Das ist ein unordentlicher Mensch! Um fünf Uhr wollte er abreisen und um drei Uhr traf ich ihn ganz atemlos auf der Straße laufen, erst bei seinem Bankier das nötige Geld holen. Dann begleitete ich ihn nach Hause. Seine zwei Koffer wurden erst gepackt und wie! Noch nasse Federn, mit denen er gerade geschrieben hatte, wurden im Koffer auf die Wäsche gelegt." Zwischendurch „kamen Rechnungen und Besuche; es war, den Schwindel zu bekommen. Wenn er den Postwagen nicht versäumte, hat er Glück gehabt. Denn er wollte auf dem Wege noch Seidenwaren für seine Familie kaufen. Eine sonderbare Natur!" – wie Börne meinte.

4. Anekdoten nach Lists endgültiger Rückkehr nach Europa

Die endgültige Rückkehrmöglichkeit ergab sich, als List von Präsident Andrew Jackson zum amerikanischen Konsul für das Königreich Sachsen ernannt wurde. In Leipzig setzte er sich dann mit ganzer Kraft für den Bau der ersten deutschen Ferneisenbahn, der Sächsischen Eisenbahn Leipzig-Dresden ein, die übrigens in diesem Jahr ihr 175jähriges Jubiläum feiert. Obwohl List ganz maßgeblich an der Verwirklichung dieses Projektes beteiligt war und sehr viel Zeit und Geld investierte, hatte man ihn, als der erste Bauabschnitt eingeweiht wurde, noch nicht einmal zu den Einweihungsfeierlichkeiten eingeladen, geschweige denn in das Direktorium der Eisenbahngesellschaft berufen, wie ihm dies hoch und heilig zugesagt wurde. Er ist dann nochmals emigriert, um sein Glück in Frankreich zu versuchen.

Sein dreijähriges Exil in Paris hat dann mit einem tragischen Schicksalsschlag sein Ende gefunden: denn im Juni 1839 bekam die Familie List die schreckliche Nachricht vom Tode ihres einzigen Sohnes Oskar aus Algier. Da sich in der französischen Hauptstadt für ihn keine passende Tätigkeit finden ließ, hatte der 17-jährige Oskar – zum Leidwesen des Vaters – den Wunsch geäußert, Soldat zu werden und in die Fremdenlegion einzutreten.

Nach einem tränenvollen Abschied, bei dem noch einmal Oskars Lieblingslied „Des Goldschmieds Töchterlein" von Carl Loewe angestimmt wurde, zog dieser ins ferne Land. Zunächst kamen erfreuliche Nachrichten, dass sich Oskar die Achtung seiner Vorgesetzten erworben habe. Dann kam auf einmal keine Nachricht mehr und nur noch die Mitteilung seines Todes und dass er an Typhus gestorben sei. Einen ganzen Tag lang verbarg Frau List die Todesnachricht vor ihrem Manne, die ihm erst nach und nach beigebracht wurde. Für die Mutter war der Verlust ihres einzigen Sohnes ein unsagbarer Schmerz, sodass sie immer wieder laut nach ihm rief und die Hände rang, während der Vater stumm versunken in Trauer verharrte und dem die Tränen fortwährend in den Augen standen. Lists Tochter Emilie meinte dazu: „Von diesem Schlag hat sich der Vater nie ganz erholt; in späteren Zeiten brach er oft plötzlich in Tränen aus, wenn er an das Schicksal seines einzigen Sohnes dachte. Er machte sich Vorwürfe, dass er ihn habe gehen lassen und machte sein eigenes trauriges Los für das Schicksal seines Sohnes haftbar."

Da es die Familie nun nicht mehr in Paris ausgehalten hat, kehrte sie nach Deutschland zurück. In Thüringen setzte sich Friedrich List wiederum sehr erfolgreich für die Eisenbahnfrage ein, erhielt aber auch dort nicht die erhoffte Anstellung. Schließlich ließ sich die Familie in Augsburg nieder. Dort kam es wieder zu einer netten Verwechslung mit dem ungarischen Komponisten und Pianisten Franz Liszt, als dieser 1843 zu drei Konzerten in Augsburg gastierte.

Es war in einer der belebtesten Straßen der alten Reichsstadt, als Friedrich List in seiner Wohnung „Am vorderen Lech 15" beim Frühstück saß und die neueste Nummer seines Zollvereinsblattes flüchtig durchlas, als der Postbote eintrat und ein Päckchen Briefe auf den Tisch legte, denen er noch einige kleine Päckchen hinzufügte. Wie gewöhnlich begann auch heute der rastlose und unermüdlich tätige Nationalökonom nach dem Frühstück sein Tagewerk mit der Erledigung seiner Korrespondenz. Er öffnet die ersten Briefe, ist aber erstaunt, dass sie von Damenhand geschrieben sind. In einem anderen wird er um ein Rendevouz ersucht, in einem weiteren wird ihm große Bewunderung und Anerkennung versichert und aus einem Päckchen enthüllt er ein mit kostbarer Perlenstickerei geschmücktes Etui mit einem liebevollen Begleitschreiben.

Zur gleichen Zeit übernachtete in einem benachbarten Gasthof der Pianist und Komponist Franz Liszt, der am Vorabend die ehrwürdige Stadt Augsburg in ein Delirium versetzt hatte, das dem neuromantischen Paris alle Ehre machte.

Begeisterte Besucher eines Konzertes von Franz Liszt.

Der Künstler saß ebenfalls beim Frühstück, als ihm ein Diener die Post auf den Tisch legte. Auch er öffnet die ersten Briefe und kann mit diesen ebenso wenig anfangen wie der Namensvetter. Die Verwechslung klärt sich rasch auf; alle Briefe waren an „Fr. List“ bzw. „Fr. Liszt“ adressiert, wobei bei beiden Adressaten auch beide Schreibweisen vorkamen.

Die Verwechslung führte den Maestro zu seinem Nachbarn, „den er als einen wahren Märtyrer in seinem Vorzimmer stehend“ vorfand. „Denn um das Maß des Unheils voll zu machen, hatten sich bei ihm noch ein Dutzend Bedienstete und Kammermädchen eingefunden, die ihm von ihren Herrschaften Blumensträuße, Stickereien, Einladungen zu Diners usw. überbrachten und die alle behaupteten, an Herrn Lis(z)t geschickt zu sein.“ Beide schüttelten sich die Hand und „die Geister des Zollvereins und der Tonkunst schauten lächelnd“ auf das Geschehen herab.

Im Jahre 1844 unternahm Friedrich List eine Reise nach Österreich-Ungarn, wobei er vom österreichischen und englischen Geheimdienst nicht aus den Augen gelassen wurde. Über Lists Ankunft in Pressburg teilte der englische Agent dem britischen Botschafter in Wien mit, dass List dort eingetroffen sei und sich wahrscheinlich mit dem ungarischen Nationalhelden und Freiheitskämpfer Lajos Kossuth treffen werde, der ein überzeugter Anhänger von Lists Ideen sei.

Am 13.11.1844 endete die Sitzungsperiode des ungarischen Landtages. Noch am gleichen Tag reiste List mit dem Dampfschiff nach Pesth weiter. „Am 14. November besuchte er als Zuhörer die Generalversammlung der Stände des Pesther Komitats, auf der Kossuth eine Rede gehalten hat. Im Verlauf seiner Rede bemerkte er, wie List die Galerie betrat. Kossuth unterbrach seine Rede und begrüßte spontan den Besucher, den er als den Mann, der die Nationen am besten über ihre wahren nationalökonomischen Interessen aufgeklärt habe, willkommen hieß. Die Versammlung, die aus mehreren hundert Edelleuten bestand, ging begeistert mit Kossuth mit und brachte auf List einen enthusiastischen Hochruf aus.

Welche Wertschätzung List bei seinem damaligen Besuch in Ungarn zuerkannt wurde, belegt eine Notiz in der Zeitung Budapesti Hirado vom 2.1.1845. Dort heißt es: „Es gibt Leute, die lebhaft bedauern, dass der Nationalökonom Friedrich List kürzlich nicht zum Mitglied der Ungarischen Akademie der Wissenschaften gewählt wurde. Wir finden es jedoch vollkommen begreiflich, denn im Sinne der Satzung hat die ungarische wissenschaftliche Gesellschaft die Pflicht, in erster Linie das Ungartum zu schützen, wogegen List unser Vaterland am liebsten mit deutschen Auswanderern bevölkern möchte. Unserer Ansicht nach hätte der Klavierkünstler Liszt gewählt

Der ungarische Freiheitskämpfer Lajos (Ludwig) Kossuth.

werden sollen, auf dass an unserer Akademie endlich eine schöne Harmonie herrsche." Dieser Notiz ist zu entnehmen, dass Friedrich List offenbar als korrespondierendes Mitglied in die Ungarische Akademie der Wissenschaften vorgeschlagen wurde. Aber, sowohl ihm, als auch Franz Liszt blieb die Aufnahme in den hohen Olymp der ungarischen Wissenschaft versagt.

Wie sehr List, die ihm in Ungarn zuteil gewordene Wertschätzung genossen hat, zeigt eine Bemerkung in einem Brief an seinen Freund Gustav Kolb: „Ich werde hier sehr verehrt und jedermann glaubt an mich. Das ist doch vernünftiger, als wenn man mir unaufhörlich widerspricht. Sie glauben gar nicht wie wohl es tut, Weihrauch einzuschlürfen; das ist eine ganz andere Empfindung, als wenn man Prügel kriegt. Ich begreife jetzt, warum die Damen sich so gerne anbeten lassen und könnte alle Tage selbst eine werden."

II. Kapitel
Friedrich List und seine Familienangehörigen

Wer sich mit dem tragischen Lebensweg von Friedrich List auseinandersetzt, sollte auch an die Familienangehörigen, an seine treue Gattin Karoline und an die wunderbaren und hoch begabten Kinder denken, die stets im Schatten ihres Mannes und Vaters standen und unter seinem schweren Schicksal ebenfalls sehr zu leiden hatten.

1. Die Ansicht von Friedrich List über Ehe und Familie

Bevor ich auf dieses Familiengeflecht näher eingehe, möchte ich Lists Ansichten über die Ehe und Familie charakterisieren. Nirgendwo hat er sich dezidierter zu diesem Thema geäußert, als in seinem Exil in der Schweiz im Rahmen seiner Lehrtätigkeit am Lehrverein in Aarau.

Die Keimzelle der Gesellschaft sei die Ehe. Das Naturrecht gebiete es, die Ehe heilig zu halten (also zu schützen), aber es verbiete nicht deren Auflösung, weil der Ehevertrag von beiden Partnern aufgehoben oder von einem gebrochen werden könne. Das Naturrecht gäbe keinem Teil die Oberherrschaft über den anderen. Aber es weise aufgrund der Verschiedenheit der von der Natur vorgezeichneten Bestimmungen, der Frau die leibliche Pflege der Kinder, die häusliche Ordnung und dem Manne die Sorge für die Ernährung der Familie und die Vertretung derselben in allen öffentlichen Geschäften zu.

Aus dem Ehevertrag resultiere auch das Rechtsverhältnis zwischen den Eltern und den Kindern. Kinder seien, obgleich noch nicht vollkommen ausgebildet, nichtsdestoweniger vernünftig-sinnliche Wesen und dürften als solche nicht zu einer Sache degradiert wer-

Friedrich List im Alter von 28 Jahren; Bleistiftzeichnung von 1817; der Maler ist unbekannt.

den. Die Eltern hätten daher kein Recht über Eigentum, Leben oder Gliedmaßen, Freiheit und geistige Fähigkeiten der Kinder wie über eine Sache zu disponieren. Auch stehe ihnen nicht die Befugnis zu, über den künftigen Beruf der Kinder zu entscheiden.

Nachdem die Eltern getan hätten, was ihnen im Hinblick auf die Ausbildung der Kinder möglich war und diese zur Reife gekommen sind, um einen Beruf zu wählen oder von einem bereits gewählten Beruf in einen anderen überzuwechseln, dürften die Eltern den Kindern nur raten und nicht befehlen.

Das untergeordnete Verhältnis der Kinder zu den Eltern höre spätestens dann auf, sobald körperliche und geistige Reife, besonders aber die Fähigkeit eine eigene Familie ernähren zu können, bei den Kindern gegeben sei.

Angesichts der damals vorherrschenden patriarchalischen Vorstellungen von Zucht und Ordnung in Familie und Schule zeugen auch diese Ansichten von Lists fortschrittlicher Gesinnung, die er, wie wir gleich sehen werden, auch bei der Erziehung seiner eigenen Kindern praktiziert hat.

2. Karoline – die Frau mit der himmlischen Sanftmut

Im Jahre 1817 wurde Friedrich List im Alter von 28 Jahren an die von ihm mitinitiierte Staatwirtschaftliche Fakultät der Universität Tübingen berufen. Unmittelbar darauf hielt er um die Hand von Karoline Neidhard, geb. Seybold an. Sie war, wie List, im Jahre 1789 geboren. Ihr Geburtsort war das elsässische Dorf Buchsweiler, wo ihr Vater als Gymnasialprofessor für Griechisch und Hebräisch tätig war, ehe er später als Professor an die Universität Tübingen berufen wurde.

Trotz des intellektuellen Elternhauses hatte Karoline keine höhere Schulbildung genossen; sie erlernte keine Fremdsprachen und sprach nur ihren elsässischen Dialekt. Ihre geistige Weite war dennoch außergewöhnlich. Mit 18 Jahren verheiratete sie sich mit dem Bremer Kaufmann Johann Friedrich Neidhard. Aus dieser Ehe stammte ihr Sohn Karl Neidhard. Karoline war aber bereits in jungen Jahren Witwe geworden.

Wo sich ihre Wege kreuzten und sie Friedrich List kennen gelernt hat, wissen wir nicht. Aber es muss eine Liebe auf den ersten Blick gewesen sein. Denn zwischen dem Beginn der stürmisch auflodernden Liebesbeziehung und dem Hochzeitstermin vergingen keine zwei Monate.

In seinem ersten Liebesbrief an Karoline Neidhard vom 8. Januar 1818 schreibt der frisch gebackene Professor u.a.: „Ihr schönes Herz, Ihr rührendes Wesen, Ihre Anspruchslosigkeit, Ihre Zurückgezogenheit haben mich bezaubert. Sie sind mein Ideal einer Hausfrau, ich liebe sie mit inniger, glühender Liebe. Ihr Gemüt ist ein Akkord mit dem meinen; ich bin glücklich, wenn Sie um mich sind. Lassen Sie sich durch meine frohe Laune nicht täuschen; sie ist bloß die Außenseite – ich empfinde tief für Sie."

In einem anderen Liebesbrief offenbart der verliebte Freier schonungslos und treuherzig seine Charakterzüge: „Mein Inneres treibt mich, für Wahrheit und Recht zu kämpfen. Ich liebe mein Vaterland vielleicht mehr als mein eigenes Glück. Die Dummheit, die Bosheit, der Schlendrian hat mir egoistische Absichten angedichtet, wo ich mich im Bewusstsein einer guten Handlung für das Gemeinwohl glücklich fühlte. Ich sehne mich hinaus aus den Alltagsmenschen, ich sehne mich, einem Wesen anzugehören, das Himmel und Erde mit mir teilt. Ich bin ein geborener Republikaner, hänge mit ganzer Seele in der Erinnerung an meine Jugendzeit und in der Überzeugung vom Wert des Menschen und der vollen Freiheit der Bürger. Ich verachte den Herrendünkel, der auf den Bürger und den Bauern als ein niederes Wesen herabschaut."

Karoline List, geb. Seybold (1789-1866) im Alter von 63 Jahren; Bleistiftzeichnung von 1852 des Historienmalers August Hövemeyer, ihrem Schwiegersohn; Original im Heimatmuseum Reutlingen.

„Die Natur hat mir ein Herz gegeben, das für das Schöne, Gute und Edle empfänglich ist, für Freude und Schmerz, für sanfte Empfindung, aber auch für aufbrausende Leidenschaft, wo meine gute Absicht, meine Ehre, meine Menschenwürde verkannt wird. Man hält mich für spöttisch und sarkastisch, weil ich die Unklugheit habe, winzige Charaktere mit der Geißel des Witzes zu züchtigen. Mangel an sog. Politesse ist mein Hauptfehler, denn ich habe die Schwäche von jedem zu erwarten, dass er meine Meinung teile und, wenn er ein freundliches Gesicht macht, zu meinen, er sei mein Freund. Diese Eigenschaft und, dass ich nicht gegen meine Überzeugung handeln kann, haben schon viele Menschen vor den Kopf gestoßen."

„Die Damen der Mode sind Flitterzeug; lockeres Spielzeug; Männer, welche die Heirat nur als Mittel betrachten, um zu Geld zu kommen oder sich Einfluss zu verschaffen, sind mir verhasst. Ich suche Seelenverwandtschaft und Seelenharmonie, und Sie werden mein leitender Engel sein. Ich werde bereit sein, mein Leben für Sie zu geben."

Außerdem versprach der Liebende, dass er auch Karolinens Sohn ein guter Vater sein wolle; er habe nämlich schon seit seiner Jugendzeit eine große Zuneigung für Kinder gehabt.

Es dauerte nur wenige Tage bis Karoline ihr Herz sprechen ließ und mit einer raschen Eheschließung einverstanden war. Bei ihrer Hochzeit ahnte sie freilich noch nicht, welch ruheloses und nervenaufreibendes Leben ihr damit beschieden war und wie die Charakterzüge ihres Mannes ihr eigenes Schicksal beeinflussen würden. Aber sie folgte ihrem Mann, wohin er auch ging, mit der ihr eigenen „himmlischen Sanftmut", wie ihr Fritz sie von der ersten Stunde an so treffend charakterisierte. In ihrem bewegten Leben musste sie insgesamt 33 mal in zwei Kontinenten den Wohnsitz wechseln, Dennoch bewahrte sie stets edle Resignation, Toleranz und Charme. Bis ins hohe Alter war sie von wunderbarer Schönheit. In ihren großen blauen Augen lag ein ganzer Himmel.

Karoline hatte stets ein Strickzeug in der Hand. Abends versuchte sie es, der Familie mit einfachsten Mitteln gemütlich zu machen, indem sie häufig einen Apfel briet und diesen genüsslich zerlegte. Sie war der Inbegriff der Behaglichkeit und im Alter ihren Enkelkindern ein gutes, verständnisvolles Großmütterchen. Die Lebenshaltung war spartanisch, häufig musste man sich mit Mehlsuppe begnügen; besonders köstlich (!) ging es zu, wenn der Teekessel summte und zuckriger Zwieback in einem Körbchen auf dem Tisch stand und eine Platte mit „einigen Stückchen Schinken" (!) die Mitte des Tisches zierte.

Angesichts ihrer häuslichen Veranlagung, die im krassen Widerspruch zum ruhelosen Leben ihres Mannes stand, ist es nicht verwunderlich, dass Karoline häufig unter Depressionen und physischer Erkrankung gelitten hat, zumal sie eine äußerst sensible Natur war.

Nach dem Tode ihres Mannes übersiedelte sie nach München, wo sie zumeist bei einer ihrer Töchter wohnte und von diesen liebevoll betreut wurde. Ihr bescheidener Lebensunterhalt war dadurch gesichert, dass sie auf persönliches Betreiben des bayerischen Königs Ludwig I. als späte Anerkennung der Verdienste von Friedrich List eine jährliche Leibrente von 400 fl. bekam. Karoline überlebte ihren Mann um 20 Jahre. Im Jahre 1866 schlief sie im Alter von 77 Jahren nach einem „bewegten, jahrzehntelangen ruhelosen, aber mit edelster Resignation getragenen Leben" sanft ein.

3. Emilie – die treue Seele

Die Familie List hatte neben dem Stiefsohn Karl Neidhard, vier Kinder; drei Töchter und einen Sohn, denen vom Schicksal ebenfalls beschwerliche Biographien auferlegt waren.

Die älteste Tochter Emilie kam 1818 in Tübingen zur Welt. Zu ihren frühesten Kindheitserlebnissen zählte die dauernde materielle Not und die stürmische Überfahrt über den Atlantik, die sie als 7-jährige erlebte. Während der Überfahrt war das Wetter so stürmisch, dass die ganze Familie häufig seekrank war und bei einem besonders schweren Sturm habe ihre Mutter in ihrer Not gerufen: „Haltet's

Schiff, haltet's Schiff!" Bei besserem Wetter sprangen die Kinder die Kajütentreppe auf und ab und spielten mit den auf dem Schiff befindlichen Tieren, zu denen Gänse, Enten, Hühner und ein Zicklein gehörten.

Emilie wurde zunächst in Philadelphia eingeschult, ehe sie die lutherische Grundschule in Reading besuchte.

Nachdem ihr Vater vom amerikanischen Präsidenten Andrew Jackson zum Handelskonsul für das Königreich Sachsen ernannt worden war, übersiedelte die Familie nach Leipzig. Dort lernte Emilie die Tochter Clara des Musikalienhändlers und Klavierlehrers Friedrich Wieck kennen, mit der sie gemeinsam in der Thomaskirche konfirmiert wurde. Aus dieser Begegnung entstand eine innige Freundschaft, die ein Leben lang bestanden hat. Emilie war ebenfalls musikalisch sehr begabt; sie spielte eifrig Klavier,

Emilie List (1818–1902), die älteste Tochter von Friedrich List, im Alter von 22 Jahren; Bleistiftzeichnung von H.H. Schramm von 1841.

hörte aber durch ihre Freundschaft mit Clara Wieck so viel Herrliches und Auserlesenes, dass sie sich zierte, dieses Talent weiterzuentwickeln. Clara Wieck schätzte an Emilie die „verschwiegene Freundin", der sie sich „mit Sehnsucht" verbunden fühlte. Sie betrachtete Emilie „als liebe, gelehrte, liebenswürdige, gute Schulmeisterin und Freundin", die sie am liebsten als „Hofmeisterin und Gouvernante" gehabt hätte.

Neben ihrer Freundin Clara gehörten auch Robert Schumann und Felix Mendelssohn-Bartholdy zu Emiliens Bekannten- und Freundeskreis in Leipzig. Beide waren die „stillen Träume" ihrer Jugendzeit. Besonders für Mendelssohn habe ihr Herz „heftig gepocht". Und Robert Schumann schwärmte über diesen „Neuzugang" in einem Brief an seine Mutter: „Die sechzehnjährige Tochter des amerikanischen Consuls List ist eine Engländerin durch und durch mit scharfem, leuchtendem Auge, dunklem Haar, festem Schritt, viel Geist, Haltung und Leben."

In Emilie fand Clara die treue Freundin, die mit ihr weinte und scherzte, der sie ihr Herz ausschütten und mit der sie alle Sorgen um ihren geliebten Robert und den eskalierenden Auseinandersetzungen und Widerwärtigkeiten mit ihrem Vater bereden und teilen konnte. In der Zeit als Clara von ihrem Vater nach Paris verbannt wurde, weil er hoffte, dass Clara dort zur Besinnung kommen und ihre

Liebe zu Robert abkühlen würde, wohnte Clara zeitweilig mit der Familie List in einer Wohnung. Ihre Freundin Emilie setzte sich auch mehrfach für sie bei Robert ein und bat ihn um etwas Geduld und Verständnis für die Schwierigkeiten, die Clara mit ihrem Vater hatte.

Über Emilie schrieb Clara damals an Robert: „Emilie fühlt sich sehr unglücklich bei ihren Eltern, denn Elise, die jüngere Tochter, wird in allem vorgezogen, weil sie eine so hübsche Stimme hat und sehr hübsch ist, und so sehr Emilie mit größter Liebe an Elise hängt, so fühlt sie sich doch oft verletzt und das tut mir in der Seele weh, denn das verdient sie nicht. Sie übertrifft Elise in jeder Hinsicht – aus Elise wird im Leben nichts Besonderes, denn sie ist viel zu oberflächlich und kennt noch nicht die tiefe Bedeutung des Wortes ‚Kunst'."

Emilie konzentrierte sich bei ihrer Ausbildung auf ihre Sprachbegabung, insbesondere auf die Erlernung von Französisch. Hierzu schickten sie die Eltern als 18jährige auf ein Internat in Paris. Obwohl sich die Eltern größter Sparsamkeit befleißigen mussten, legten sie auf die Ausbildung der Kinder größten Wert.

Während Lists 3jährigem Exil in Paris war ihm Emilie bei der Ausarbeitung der beiden Preisfragen der französischen Akademie der Wissenschaften eine große Hilfe. Anschließend war sie in Bad Kreuznach und in Frankfurt einige Jahre lang als Hauslehrerin tätig.

Nach dem Tode ihres Vaters übersiedelte sie nach München. Wie ihre Mutter erhielt sie vom bayerischen König Ludwig I. für die Verdienste ihres Vaters eine jährliche Leibrente von 200 fl., was ihr ein ganz bescheidenes Auskommen ermöglichte. In München betreute sie ihre Mutter, ihre beiden Schwestern und deren Kinder in aufopfernder Weise. Außerdem kämpfte sie dafür, dem geistigen Erbe ihres Vaters zu später Anerkennung zu verhelfen. Im Jahre 1889 stellte sie anlässlich des 100. Geburtstages ihres Vaters dessen literarischen Nachlass der Stadt Reutlingen zur Verfügung und begründete damit das heutige List-Archiv.

Emilie war eine Meisterin in weiblichen Handarbeiten; feine Stickereien, Strickereien und Häkelarbeiten gehörten zu ihrem Arbeitsalltag. Bis ins hohe Alter hatte sie für alle Ereignisse im öffentlichen Leben reges Interesse, insbesondere für Wirtschaft und Politik. Sie las alles, was an entsprechenden Büchern auf den Markt kam. In den letzten Lebensjahren war sie durch einen Schlaganfall gelähmt und zunehmend pflegebedürftig. Sie starb 1902 im Alter von 84 Jahren in München.

4. Oskar – ein junger Mann voller Herzensgüte

Lists einziger Sohn Oskar wurde 1820 in Stuttgart geboren. Im Frühjahr 1837 erlaubte der Vater dem erst 17jährigen, seinen Stiefbruder Karl Neidhard in Philadelphia zu besuchen. Dieser war nach der Rückkehr der Familie List aus dem amerikanischen Exil in den Vereinigten Staaten geblieben und baute sich dort als homöopathischer Arzt eine auskömmliche Existenz auf. Vermutlich war daran gedacht, dass auch Oskar in der Neuen Welt sein Glück versuchen sollte. Doch bereits nach drei Wochen wurde er von seinem Stiefbruder aus unbekannten Gründen wieder nach Hause geschickt. Somit musste der Junge innerhalb kurzer Zeit zwei beschwerliche Seereisen unternehmen.

Die Eltern waren unschlüssig, was aus ihrem Sohn in beruflicher Hinsicht werden sollte. Doch nur so viel war ausgemacht, dass ein Studium wahrscheinlich aus finanziellen Gründen nicht in Betracht gezogen wurde. Da sich in der französischen Hauptstadt für ihn keine passende Tätigkeit finden ließ, hatte Oskar – zum Leidwesen des Vaters – den Wunsch geäußert, Soldat zu werden und in die Fremdenlegion einzutreten.

War es die Passion für das Militär oder eher der Wunsch, den Eltern nicht zu lange auf der Tasche zu liegen, weil die bescheidenen finanziellen Mittel voll und ganz in die Ausbildung von Schwester Elise in eine Karriere als Sängerin investiert wurden, die dann doch nicht gelang; - das Motiv bleibt im Dunkeln. Lists Tochter Emilie berichtet zwar, dass Oskar von jeher eine große Vorliebe für den Soldatenstand gehabt hätte, der Vater aber nie darauf eingegangen sei. Er habe einen tüchtigen Techniker aus ihm machen wollen und ihn erst nach heftigen Auseinandersetzungen schließlich nach Algier ziehen lassen.

Nach einem tränenvollen Abschied, bei dem noch einmal Oskars Lieblingslied „Des Goldschmieds Töchterlein" von Carl Loewe angestimmt wurde, zog dieser ins ferne Land. Zunächst kamen erfreuliche Nachrichten, dass sich Oskar die Achtung seiner Vorgesetzten erworben habe. Dann kam auf einmal keine Nachricht mehr und nur noch die Mitteilung seines Todes und dass er an Typhus gestorben sei. Einen ganzen Tag lang verbarg Frau List die Todesnachricht vor ihrem Manne, die ihm erst nach und nach beigebracht wurde. Für die Mutter war der Verlust ihres einzigen Sohnes ein unsagbarer Schmerz, sodass sie immer wieder laut nach ihm rief und die Hände rang, während der Vater stumm versunken in Trauer verharrte und dem die Tränen fortwährend in den Augen standen. Lists Tochter Emilie meinte dazu: „Von diesem Schlag hat sich der Vater nie ganz erholt; in späteren Zeiten, brach er oft plötzlich in Tränen aus, wenn er an das Schicksal seines einzigen Sohnes dachte. Er machte sich Vorwürfe, dass er ihn habe gehen lassen und machte sein eigenes trauriges Los für das Schicksal seines Sohnes haftbar."

Oskar List (1820–1829), Lists einziger Sohn.

5. Elise – die stille Schönheit

Lists drittes Kind Elise wurde 1822, wie Oskar, ebenfalls in Stuttgart geboren. Sie war gerade 3 Jahre alt, als die Familie 1825 die beschwerliche Seereise in die Neue Welt unternommen hat. Schon ein Jahr später übersiedelte die Familie von Harrisburg nach Reading. Dort besuchte sie wie ihre beiden Geschwister eine zeitlang die lutherische Kirchenschule. Englisch war ihre erste Fremdsprache; sie sprach es ein Leben lang so fließend wie ihre Muttersprache.

Bei Elise entwickelte sich eine besonders schöne Stimme. Ihre Musikalität war so ausgeprägt, dass sie schon mit 12 Jahren große Arien singen konnte. Ihr Vater, der sie abgöttisch liebte, schrieb von ihr, dass sie eine Stimme ersten Ranges, große Liebe zur Musik, viel Geist und eine ausgezeichnete Gestalt besitze. Trotz der drückenden finanziellen Verhältnisse wurde beschlossen, das „Lockenköpfle" wie sie liebevoll genant wurde, von den angesehensten Meistern in Leipzig, Paris und Mailand ausbilden zu lassen. Der anfänglichen Skepsis der Mutter begegnete der Vater mit folgender Einstellung: Es ist ein kleinstädtisches Vorurteil, mit dem ich selbst behaftet war, die Ausübung dieser Kunst als anstößig zu finden. Da wir nun einmal so viel an die Erziehung unserer Kinder wenden, so wäre es blanke Torheit unter den obwaltenden Umständen Abstand zu nehmen, ein vorzügliches Talent auszubilden."

Um sicher zu gehen, dass ihre Begabung für eine erfolgreiche Karriere als Konzertsängerin ausreichen würde, wurde kein geringerer als Felix Mendelssohn-Bartholdy um Rat gefragt. Seine offenbar positive Beurteilung war dafür ausschlaggebend, dass Elise die bestmögliche Gesangsausbildung erhielt. Aber auch Robert Schumann, Franz Liszt und Giacomo Meyerbeer sollen Elise für ein Talent ersten Ranges gehalten haben.

Von Robert Schumann ist folgendes Urteil über Elise überliefert: „Mir fällt bei solchen Stimmen so vieles ein; z.B. Spanien, das ganze Land in seiner südlichen, dunklen Romantik, dann auch besondere Musik, um die die Welt kommen würde, wenn ich die Stimme nicht wieder höre – mit einem Worte, die Stimme ist eine der schönsten und herrlichsten und dann, man hört nicht nur diese; es ist die Erscheinung einer edlen Natur überhaupt. – Elise wird, wenn ich nicht ganz irre, der Abgott des Publikums" werden.

Elise List (1822–1891), verheiratet mit Gustav Moriz Pacher v. Theinburg, im Alter von 19 Jahren.

Etwas zurückhaltender beurteilte Clara Elisens Stimme: „Elise hat eine schöne, noble Stimme, guten Vortrag, macht das, was sie macht zwar langsam, aber immer gut. Doch dessen ungeachtet hat sie noch manches zu lernen, um ein Recht auf Ansprüche einer großen Künstlerin haben zu können – das weiß ich auch." Und 1840 notierte Clara in ihr Tagebuch: „Sonderbar ist es, Elise hatte mich bis jetzt, trotz ihrer himmlisch schönen Stimme, noch nie was man sagt ‚gepackt', heute aber entzückte sie mich in einer Arie von Rossini – ich weiß selbst kaum durch was, sie sang ganz eigen animiert."

Elise war ebenfalls mit Clara Wieck eng befreundet und wurde sicher auch durch deren Erfolge als Pianistin und Komponistin zur Sängerin animiert. Sie war es auch, die ihre Freundinnen Emilie und Elise mit Franz Liszt bekannt gemacht hat. Auf ihre gleichlautenden Familiennamen anspielend, sprachen sie französisch miteinander und redeten sich mit „mon cher cousin"

Elise List, Kreidezeichnung um 1842; Original in Privatbesitz.

bzw. „ma chère cousine" an. Elise war von der hinreißenden Persönlichkeit Franz Liszts tief berührt und meinte später, dass der damals 27jährige, ihr – der 17jährigen – vielleicht hätte gefährlich werden können, wenn ihr Liszts eheähnliches Verhältnis mit der Gräfin d'Agoult nicht bekannt gewesen wäre.

Im Herbst 1840 erhielt Elise ein Engagement am Leipziger Gewandhaus; es kam aber nur zu 4 Konzerten, bei denen kein geringerer als Felix Mendelssohn dirigierte. Allerdings überkam Elise bei allen vier Konzerten ein so starkes Lampenfieber, dass sie ihre Stimme nicht zur Entfaltung bringen konnte.

Trotz dieses Fiaskos wurde wahrscheinlich unter dem Zuspruch von Clara und Robert Schumann und Mendelssohn der Entschluss gefasst, dass Frau List mit Emilie und Elise für ein halbes Jahr nach Mailand reiste, um dort die stimmliche Begabung von Elise bei einem italienischen Maestro weiter ausbilden zu lassen und ihr Lampenfieber zu kurieren. Aber schon beim ersten öffentlichen Konzert in Mailand erfroren alle Blütenträume. Elisens Aufregung und Angst waren so stark, dass alle Hoffnungen auf eine Künstlerkarriere begraben werden und die drei Damen unverrichteter Dinge die Heimreise antreten mussten. Als sie auf der Rückreise mit der Postkutsche durch die Via Mala Schlucht fuhren, hatte Elise nur den einen Wunsch, die Kutsche möge in die Tiefe stürzen und das ganze Elend eine Ende haben.

Nach diesem Misserfolg kam wieder Franz Liszt ins Spiel, der ihr den Vorschlag machte, mit ihr eine Konzertreise zu unternehmen. Davon rieten aber ihre Freunde Clara und Robert Schumann strikt ab, weil das wegen der bekannten Schwäche von Franz Liszt für das weibliche Geschlecht, nicht gut gehen könne. Elise sei zu englisch und Liszt zu diabolisch, lautete ihr Kommentar. Und in einem

Brief vom November 1841 von Franz Liszt an Elise, weist dieser den Vorwurf brüsk zurück, dass er die schöne „Cousine" beinahe verführt hätte. Dennoch sind beide eine Leben lang miteinander befreundet geblieben.

Im selben Jahr war der bayerische König Ludwig I. auf die Schönheit von Elise aufmerksam geworden. Deshalb ließ er Elise bitten, sich von seinem Hofmaler Joseph Karl Stieler für seine berühmte Schönheitengalerie im Schloss Nymphenburg malen zu lassen. Einen zusätzlichen Anstoß gab Königin Elisabeth von Preußen, die Halbschwester des Königs, die Elise auf einem Hoffest in Berlin kennen gelernt hatte und von ihrer Schönheit bezaubert war. Elise zählt übrigens zu den wenigen Vertreterinnen des bürgerlichen Lagers, denen diese Ehre zuteil wurde. Noch heute kann man ihr Porträt in der Schönheitengalerie des Schlosses Nymphenburg bewundern. Auf dem Gemälde trägt Elise ein tief ausgeschnittenes Kleid mit venezianischen Spitzen und ein rotes Samtcape. Ihr Gesicht wird von dunklen Hyazinthenlocken umrahmt. Die saphirblauen Augen zeigen eine starke Verinnerlichung: das ganze Porträt umwebt ein Hauch von Sehnsucht und Melancholie;" – ein typischer Wesenszug von Elise.

Etwa zur gleichen Zeit lernte Elise den reichen österreichischen Fabrikanten Gustav Moriz Pacher v. Theinburg kennen, den sie im März 1845 heiratete. Dieser war Witwer und brachte zwei Kinder in die Ehe. Aus der zweiten Ehe sind 4 Kinder hervorgegangen, wobei Lists erstes Enkelkind, das er noch erlebte, schon zwei Tage nach der Geburt durch einen Kunstfehler der Hebamme gestorben ist. Auch dieser schwere Schicksalsschlag dürfte neben den vielen anderen Misserfolgen und Schmähungen, die List im Laufe seines Lebens hinnehmen musste, wenige Monate später, im November 1846, zu seinem Suizid beigetragen haben.

Elisens Lebensweg stand auch weiterhin unter einem wenig glücklichen Stern. Zunächst musste sie den Tod ihres Vaters verkraften, der für sie ein furchtbarer Schock war. Die genauen Umstände seines Todes wurden ihr 20 Jahre lang vorenthalten, um sie nicht noch stärker zu belasten. Dann brachte sie zwar zwei gesunde Kinder zur Welt, die ihr häusliches Glück bescherten, aber bereits nach 7 Ehejahren starb ihr Mann an Typhus. Nach dessen Tod kam ihr 4. Kind zur Welt, das ihr ganzer Sonnenschein wurde. Aber auch diesem mit den Kosenamen „Freuderl" und „Goldchen" bedachte Kind, war nur ein kurzes Leben vergönnt. Es erkrankte im Alter von 9 Jahren plötzlich an Scharlach und wurde von der Welt abberufen.

Diese und andere Schicksalsschläge sowie ihre Veranlagung zur Melancholie lösten bei Elise schwere und lang anhaltende Depressionen aus, die zeitweilig so besorgniserregend waren, dass sie in eine Nervenheilanstalt eingeliefert werden musste, wo sie übrigens von dem bekannten Nervenarzt Dr. Gudden behandelt wurde. Dieser hat später insofern Berühmtheit erlangt, weil er zum Leibarzt des bayerischen Königs Ludwig II. avancierte, der den König für unheilbar krank erklärte und mit dem Märchenkönig unter mysteriösen Umständen im Starnberger See ums Leben kam. Insgesamt war Elise vier mal in der Nervenheilanstalt Werneck in stationärer Behandlung.

In den Zeiten, in denen sie weniger stark gemütskrank war, widmete sie sich in vielerlei Hinsicht der Musik und pflegte mit bedeutenden Gelehrten der damaligen Wiener und Münchener Gesellschaft Umgang. Dazu zählten auch wieder Clara und Robert Schumann und Franz Liszt. In den schweren Zeiten, die Elise durchmachen musste, war ihre Schwester Emilie eine stets treu sorgende und hilfsbereite Schwester und Tante.

Eine ganz besondere Zuneigung empfand Elise für ihre Kinder, die ihr etwas „Heiliges" waren. Nie sprach sie vor ihnen ein unbedachtes Wort aus und stets bemühte sie sich durch ihr eigenes Beispiel als Vorbild zu wirken. In den kurzen gesunden Abschnitten ihres von Depression überschatteten Lebens war sie von einer solchen Hingabe und jugendlicher Heiterkeit und Ausgelassenheit, dass sie, wie es ihre Tochter Hedwig formulierte, „in den oft kurzen Monaten der Gesundheit mehr genoss als viele in einem ungestört dahin fließenden Leben." Im Jahre 1893 erkrankte Elise an einer Lungenentzündung, die ihrem schweren Leben ein Ende bereitete.

6. Lina – die talentierte Malerin

Das jüngste der List-Kinder wurde 1829 im amerikanischen Reading geboren und wie die Mutter auf den Namen Karoline getauft, aber zumeist nur Lina gerufen. Über ihren Lebensweg ist nur wenig bekannt. Aus ihrer Kindheit ist lediglich überliefert, dass sie als 10jährige wegen ihrer großen musikalischen Begabung Robert Schumann aufgefallen war und dieser ihr Talent mit den Worten kommentierte. „Die kleine Lina hat ein großes Talent zur Musik, doch wird es in ihr unterdrückt. Die Mutter will eine Hausfrau aus ihr machen, weil es bei den beiden ältesten nicht geglückt ist. Wie dauert einen doch das!"

Als 20jährige erkrankte Lina an Scharlach, was auch bei ihr schwere Depressionen auslöste. In dieser Zeit wurde sie von ihrer Schwester Emilie rührend umsorgt und unterstützt.

Im Jahre 1855 heiratete Lina den Münchener Historienmaler August Hövemeyer, ein Meisterschüler von Wilhelm v. Kaulbach und Moritz Schwind. Aus der Ehe sind 6 Kinder hervorgegangen, wovon 2 bei der Geburt starben.

Karoline (Lina) List (1829–1911) im Alter von 24 Jahren; Selbstbildnis von 1853.

Nach dem Tode ihres Mannes betätigte sich Lina, die auch ein förderungswürdiges Talent zum Zeichnen und Malen besaß, als Malerin. Dabei schuf sie einige bemerkenswerte Ölgemälde ihres Vaters, die sie aus der Erinnerung malte. Sie starb im Alter von 73 Jahren im Jahre 1911 in München.

7. Zusammenfassung

Zusammenfassend kann man sagen, dass nicht nur Friedrich List, sonders auch seinen Familienangehörigen ein schweres Schicksal auferlegt war. Robert Schumann hat dies auf folgenden Nenner gebracht: „Die Familie List ist eine abenteuerliche Familie, für Maler und Schriftsteller gleich interessant." Er hatte sogar die Absicht, Elise seinen berühmten Eichendorff'schen Liederkreis op. 39 zu widmen und dazu ihre Zustimmung eingeholt. Elisens Einwilligung kam allerdings zu spät beim Verleger an, sodass die Widmung nicht mehr berücksichtigt werden konnte und auch bei den späteren Auflagen nicht nachgeholt wurde. Dagegen hat Felix Mendelssohn-Bartholdy im Jahre 1841 Elise ein Albumblatt seiner Komposition „Erinnerung" mit einem Gedicht von Heinrich Heine gewidmet.

Während der politischen Wirren von 1848 gedachte Clara Schumann noch einmal in einem Brief an Emilie des engagierten Wirkens ihres Vaters: „Wie oft dachte ich an Deinen guten Vater, der jetzt, lebte er noch, den Lohn für seine rastlose Tätigkeit und reelle Gesinnung erhalten würde. – Minister wäre er gewiss geworden. Gott wollte es anders! Hier möchte man sich fragen, warum? Doch dem Schicksal müssen wir uns in Ergebenheit fügen – es muss doch noch eine bessere Welt geben, und dahin hat Gott Deinen Vater geführt, vielleicht um ihn vor manchem Ungemach noch zu schützen! Lass uns das glauben, der Glaube ist der beste Trost!"

Im Jahre 1925 hat eine Patentochter von Elise v. Pacher-Theinburg, die nach ihr genannte Elise Melitta v. Schweizerbarth-Roth, den „Großohm Fritz List" mit folgenden Worten gewürdigt: „Im Leben hat man den großen Nationalökonomen, dessen Geist seinem Jahrhundert unverstanden vorausgeeilt, nicht gewertet. Sein Leben war ein zermürbender Kampf mit subalternen Geistern, die seine Lebensbahn mit Steinen beschotterten. Wie müde macht das den Wanderer! Eine Enttäuschungskette war es, die seine müden Schritte hemmte. Seine Mitmenschen, seine Zeitgenossen standen verständnislos vor seinen Ideen. Wie viele geniale Menschen müssen sterben, bis man ihre Grüße, ihren Wert schätzen lernt! Ihn haben sie in den Tod gehetzt. Wie eine Enttäuschung die andere ablöste, wie die Sorge um die Familie wuchs und als drohendes Gespenst ihm die Spannkraft erstickte, da verfiel er der Verzweiflung. Aus dem Erdenjammer, den ihm die Mitwelt antat, griff er zur Waffe, seiner Erlöserin! Jetzt, wo der Welt ein Licht aufging, wie sie sein Leben vergiftet hat, jetzt, wo seine Ideen sich bis in den fernen Orient verwirklichen, da stellt man ihm Denkmäler auf. Diese Voraussetzung trug ihm den Titel eines Überspannten ein und seine Familie litt mit ihm darunter."

III. Kapitel
Friedrich List und die „Demagogengesellschaft" von 1825 auf dem Hohenasperg

1. Die deutsche Burschenschaft und die Karlsbader Beschlüsse

Die Zeit nach dem Wiener Kongress von 1815 war durch die Restaurations-politik des Metternichschen Systems gekennzeichnet. Oberflächlich betrach-tet, bot sich das Bild der beschaulichen Biedermeierzeit. Dies täuschte aber über die Unzufriedenheit weiter Kreise hinweg. Vor allem an den Universitäten gärte es, denn seit den Befreiungskriegen waren vor allem die Studenten zu begeisterten Verfechtern der nationalen Idee geworden. Bereits am 12. Juni 1815 wurde in Jena von früheren Mitgliedern des Lützow'schen Freikorps die „Deutsche Burschenschaft" gegründet, um für den großen Gedanken an ein gemeinschaftliches, allumfassendes Vaterland zu kämpfen. Die Farben der Lützowschen Jäger schwarz, rot und gold wurden zur Fahne der Bur-schenschaften, die sich am 18. Oktober 1818 zur „Allgemeinen Deutschen Bur-schenschaft" in vierzehn deutschen Universitätsstädten zusammengeschlossen haben.

Triebfeder für diese Gründungen war die Verbitterung der Studenten und des liberalen Bürgertums über die Restaurationspolitik des habsburgischen Staats-kanzlers v. Metternich, die sich zunächst in der Verzögerung der versprochenen landständischen Verfassungen auswirkte. Schon am 18.10.1817 hatte sich der Unmut der Studenten zum ersten Mal Luft gemacht. Auf der Wartburg waren 500 Burschenschaftler aus allen deutschen Landen versammelt, um die Dreihun-dertjahrfeier der Reformation und die vierte Wiederkehr der Völkerschlacht von Leipzig gemeinsam zu begehen. Als dann am Abend die Siegesfeuer loderten, warfen die Studenten „burschenfeindliche" Bücher, einen Österreichischen Korporalstock, einen hessischen Zopf und einen preußischen Ulanenschnürleib in die Flammen. Dadurch erhielt das Wartburgfest eine gegen die Restaurations-politik gerichtete revolutionäre Tendenz.

Am 23. März 1819 ermordete der Jenaer Theologiestudent Karl Sand in Mann-heim den Lustspieldichter und russischen Staatsrat, August v. Kotzebue, den der fanatische Jüngling für einen Feind der deutschen Einheit hielt. Es war einer der sinnlosesten politischen Morde der Weltgeschichte, denn Kotzebue konnte eigentlich niemand schaden. Um der Freiheit eine Gasse zu bahnen, hätte Sand nicht zum Dolch greifen müssen. Als dann am 1. Juli 1819 der Apotheker Löning im hessischen Schwalbach den nassauischen Präsidenten v. Ibell zu erstechen suchte, da entfesselten die beiden politischen Attentate des Jahres 1819 die „Demagogenverfolgung", die letztlich bis zum Sturz v. Metternich im Jahre 1848 dessen politischen Einflussbereich bestimmten.

Bereits am 19. August 1819 trafen sich unter dem Vorsitz Metternichs die Vertreter von acht Regierungen des Deutschen Bundes in Karlsbad, dem damals vornehmsten Bad in Europa. Am 1. September 1819 wurden dann die sog. Karlsbader Beschlüsse verkündet. Dazu gehörte, dass die Burschenschaften aufgelöst, die Universitäten den Landesherren unterstellt, staatsgefährdende Professoren entlassen und alle Druckschriften unter 320 Seiten der Zensur unterworfen wurden.

Außerdem wurde in Mainz eine Zentraluntersuchungskommission eingerichtet, die alle revolutionären Umtriebe in den einzelnen Bundesstaaten untersuchen und zur Anzeige bringen sollte.

2. „Demagogie" und „demagogische Verbindungen"

In einem Beitrag zur 2. Auflage des Staatslexikons von 1846 vertritt W. Schulz die Meinung, dass die Schlagworte „Demagogie" und „demagogische Verbindungen" selbst zu der Zeit, als sie „in den amtlichen Sprachgebrauch übergingen und von da aus sich weiter verbreiteten, keine triftige Ursache zu ihrer Aufnahme in die deutsche Sprache vorhanden" gewesen sei. Für diese Wortschöpfungen gelte die alte Erfahrung: „Denn eben wo Begriffe fehlen, stellt oft ein Wort zur rechten Zeit sich ein." Das Volk habe für die eifrige Verfolgung der sog. demagogischen Umtriebe kein Verständnis gehabt und sie fast durchweg als leeres Hirngespinst betrachtet. Vielfach seien von Richtern harte Strafen verhängt worden, während unabhängige Juristenfakultäten auf Freispruch plädierten. Bei der Mehrzahl der von der Demagogenverfolgung Betroffenen habe es sich um Studenten gehandelt, „die in der Treibhauswärme einer bewegten Zeit mehr in Worten als in Taten allzu üppig ausschlugen, und die man ins Gefängnis versetzte, um sie getrocknet wieder in die bürgerliche Gesellschaft zu verpflanzen."

Schulz vertrat die Meinung, dass jede Periode „ihre eigentümlichen juristischen Schwächen und Gebrechen" habe. Was im Mittelalter die Hexenprozesse und Ketzergerichte waren, seien in der ersten Hälfte des 19. Jahrhunderts die Demagogenprozesse gewesen. „Gewiss kommt eine Zeit, wo man die einen so unbegreiflich finden wird, wie die anderen." Wenn man unter dem Begriff der Demagogie politischen Fanatismus versteht, durch den das Volk auf Kosten des Gemeinwohls aufgehetzt und verführt wird, so kann man Arnold Staub nur beipflichten, der schon 1879 die Überzeugung niederschrieb, dass „von den vielfachen Verkennungen", die List widerfahren sind, jene „eine der ungerechtesten" sei, „welche ihn einen Demagogen, einen Mann des Umsturzes nannte". Denn Friedrich List habe sich niemals geheimbündlerisch betätigt und revolutionär verhalten. Er war und blieb stets ein idealistischer Einzelkämpfer, der seine Ideen ausschließlich mit demokratischen Mitteln durchzusetzen versuchte. Doch allein die scharf formulierte Präambel der Reutlinger Petition genügte, um ihn sein Leben lang als „Demagogen" abzustempeln und durch Metternichs lange Hand kaltzustellen.

3. Die Inhaftierung von Friedrich List auf dem Hohenasperg

Nach seiner freiwilligen Rückkehr nach Württemberg wurde List am 6. August 1824, seinem 35. Geburtstag, verhaftet und zur Verbüßung der Haftstrafe auf den Hohenasperg oder wie er ihn nannte, auf den „Höllenberg" gebracht. Nur am Rande sei bemerkt, dass er 1817 bei seiner Auswandererbefragung u.a. darauf gestoßen ist, dass im Oberamt Ludwigsburg ein gewissenloser Leinwandhändler namens Aikele sein Unwesen getrieben habe, indem er Leute durch die „Vorspiegelung falscher Hoffnungen" dazu verleitete, in die USA auszuwandern.

Bis zu seiner vorzeitigen Entlassung Ende Januar 1825 befand sich List in Einzelhaft und hatte wahrscheinlich zu anderen Häftlingen keinen Kontakt. Welche Mitglieder der „Demagogengesellschaft" mit ihm in Untersuchungshaft auf dem Hohenasperg untergebracht waren oder erst kurze Zeit später nach seiner Entlassung eingeliefert wurden, kann nicht mit Bestimmtheit gesagt werden. Im weiteren Verlauf der Ausführungen wird aber dargelegt, welche persönlichen Beziehungen zwischen Friedrich List und den Tübinger Burschenschaftlern nachzuweisen sind.

Wie es der vernichtende Zusatz im Urteil des Esslinger Kriminalgerichtshofes verlangte, wurde List trotz energischer Weigerung dazu gezwungen, demütigende Zwangsarbeit zu verrichten. Sie bestand im Wesentlichen aus dem stumpfsinnigen Abschreiben von Texten.

Wenn man bedenkt, mit welcher Schärfe er als Substitut und Aktuar die Umständlichkeit und Weitschweifigkeit der württembergischen Bürokratie bekämpfte, kann man verstehen, wie schikanös und schmerzvoll er gerade eine solche Tätigkeit empfinden musste. In einer autobiographischen Skizze bringt er seine tiefe Verachtung zum Ausdruck, wenn er in der dritten Person schreibt: „Man legte ihm sofort einen Aufsatz vor über die Uniformierung der verschiedenen Waffengattungen des französischen Militärs, worin alle Montur- und Waffenstücke des Kriegers von der demütigen Gamasche mit ihrer gemessenen Zahl von Knöpfen und Knopflöchern bis zum stolzen Tschako mit schneidermäßiger Akkuratesse beschrieben waren. Jeden Tag hatte der Gefangene einige Linien (d.h. Zeilen) von diesem ,geistreichen' Werk zu kopieren, welches sodann vollendet und gehörig kollationiert (d.h. Vergleich der Abschrift mit der Urschrift zur Prüfung der Richtigkeit), dem Herrn Justizminister übermacht ward zum ewigen Beweis, dass Herr List durch infamierende (d.h. schändliche und ehrlose) Arbeit der Ehrung (d.h. der bürgerlichen Ehrenrechte) verlustig geworden."

Dabei kam es also nicht auf den Umfang des abzuschreibenden Textes an, es ging lediglich darum, den Beweis zu erbringen, dass List auf dem Hohenasperg tatsächlich Zwangsarbeit verrichtet und dadurch seine bürgerlichen Ehrenrechte verloren hat.

Mitte Dezember 1824 schreibt er an seine Frau Karoline: „Ich harre mich fast zu Tode auf meine Entlassung." Erst nachdem er sich auf Drängen des württembergischen Justizministers dazu bereit erklärt hatte, für immer in die USA auszuwandern, kam er im Laufe des Februars 1825 nachdem er etwa zwei Drittel der Haftstrafe verbüßt hatte, vorzeitig frei.

4. Die Mitglieder der Demagogengesellschaft

Vor einigen Jahren habe ich auf der Stuttgarter Antiquariatsmesse ein Bild erworben, dessen Überschrift „Die Demagogengesellschaft auf Hohenasperg im Jahre 1825" lautet. Darauf sind 13 mit Bleistift gezeichnete Burschenschaftler mit handschriftlichen Zusätzen abgebildet, in denen der Name der abgebildeten Person, ihr Geburtsort und die jeweilige Haftstrafe vermerkt sind. Einer der Inhaftierten, der Theologiestudent Johann Friedrich Witt, weist sich als der Zeichner dieser Porträts aus.

Welches waren nun die Tübinger Burschenschaftler, die zusammen mit Friedrich List in Untersuchungshaft oder kurz darauf nach ihrer Verurteilung ebenfalls auf dem Hohenasperg eingesperrt waren?

Hierbei ist zuerst der aus Stuttgart stammende Gustav Kolb (1798–1865) zu nennen. In seiner Jugendzeit wurde sein großes Interesse für Literatur, Kunst und Theater geweckt, das ihn später zum Journalisten und Redakteur der Allgemeinen Zeitung befähigte. Im Jahre 1818 studierte er an der Universität Tübingen Kameralwissenschaften. Dabei zählte er zu den wenigen Hören, die bei Friedrich List Vorlesungen besuchten. In jener Zeit war Kolb begeisterter Burschenschaftler und deshalb auch Mitglied der Alten Burschenschaft Germania zu Tübingen. Im September 1820 vertrat er mit Franz Gräter die Tübinger Studenten beim Burschentag in Dresden. Aus Schwärmerei und Idealismus für ein geeintes deutsches Vaterland gründete er eine Zweigstelle eines geheimen Jünglingsbundes.

Der Jünglingsbund war von Karl Follen in Jena gegründet worden, den List während seines Exils in der Schweiz kennen gelernt hatte. Ziel dieser Vereinigung war es, die Regierungen in den deutschen Territorialstaaten zu beseitigen und die deutsche Einheit herbeizuführen. Der Jünglingsbund sollte die Vorstufe eines Männerbundes sein, dem „führende Demokraten" angehören sollten, welche dieses Ziel nachhaltig verfolgen. Der Männerbund ist aber nie zustande gekommen. In dem Jünglingsbund fanden sich ungefähr 120 Burschenschaftler zusammen. Er wurde im August 1823 an die preußische Polizei verraten, bevor es zu irgendwelchen Aktionen kam. Die Mitglieder wurden verhaftet und vor allem in Preußen zu hohen Haftstrafen verurteilt.

Im Jahre 1820 schloss Gustav Kolb sein Studium mit sehr guten Leistungen ab. Wegen seiner „demagogischen Umtriebe" wurde er aber bald darauf zu vier Jahren Festungshaft verurteilt, von denen er zwei Jahre auf dem Hohenasperg absitzen musste.

Die Demagogengesellschaft auf dem Hohenasperg von 1825:
August F. Scheurer; Dr. F. Schä(e)ufelen, Johann H. Gräter, Johann F. Witt,
Gustav E. Kolb; Original im Besitz des Autors.

In seiner kellerartigen Zelle, die von dicken Mauern umgeben und durch das kleine vergitterte Fenster nur spärlich beleuchtet war, fasste Kolb, Gott ergeben, seine schmerzvollen Gefühle in folgendem Gedicht zusammen:

„Hier sitz' ich einsam in den stillen Wänden,
Fern von dem Kreis der Lieben, der Genossen,
Allein mit meiner Sehnsucht eingeschlossen;
Werd' ich wohl hier den Frieden wieder finden?

Wer wird dem Einsamen die Kunde senden?
Es hat der Mond sein friedlich Licht ergossen;
Liegt nicht dort oben mein Geschick umschlossen
Von eines milden Vaters ew'gen Händen?

Dort ziehn die Sterne ihre hohe Bahn,
Sie blicken nieder mit den gold'nen Augen
Und wecken leis die längst entschwund'nen Träume.

Es steigt die Seele freudig himmelan,
Und wie die Schmerzen still hinuntertauchen,
Flieht sie entfesselt in die ew'gen Räume."

Sicher entsprachen diese Worte auch den Gedanken und Gefühlen, die Friedrich List auf dem „Höllenberg" empfunden haben dürfte.

Im Jahre 1837 wurde Gustav Kolb ausgerechnet vom damaligen württembergischen Innenminister als Redakteur der in Augsburg erscheinenden Allgemeinen Zeitung empfohlen, die der berühmte Verleger Georg v. Cotta herausgegeben hat. Unter Kolbs Regie entwickelte sich die AAZ zum wichtigsten unabhängigen deutschen Presseorgan des 19. Jahrhunderts, vergleichbar mit der heutigen Bedeutung der FAZ. An diesem Blatt haben viele bedeutende Autoren wie Heinrich Heine, Friedrich List, Heinrich Laube und Levin Schücking mitgearbeitet und bedeutende Aufsätze hinterlassen.

Nachdem Friedrich List im Jahre 1840 in Augsburg seinen letzten Wohnsitz bezogen hatte, waren er und seine Familie mit Gustav Kolb und dessen Ehefrau eng befreundet. An seinen einstigen Schüler ist auch der erschütternde Abschiedsbrief gerichtet, weil es List nicht übers Herz brachte, diesen an seine Frau Karoline und seine drei Töchter zu richten.

Auch nach Lists Tod hat sich Gustav Kolb sehr ehrenvoll verhalten, indem er sich um die Hinterbliebenen rührend gekümmert hat und durch Nachrufe an Lists Verdienste erinnerte. Von einem Hirnschlag sehr gezeichnet, ist Kolb 1865 in Augsburg verstorben.

Der gleichaltrige Karl Mebold (1798–1854) wurde in Spielberg im Oberamt Nagold geboren. Der Pfarrersohn besuchte die theologischen Seminare von Schöntal und Maulbronn, um anschließend im evangelischen Stift in Tübingen sein Theologiestudium zu beginnen. Dort glänzte er stets als Primus und avancierte deshalb rasch zum Repetitor.

Als Mitglied der Tübinger Burschenschaft wurde er im Mai 1825 „wegen Teilnahme an einer hochverräterischen Verbindung" zu einer 2 1/2 jährigen Festungshaft mit angemessener Beschäftigung verurteilt. Nach seiner Freilassung betätigte sich Mebold als Literat und Publizist; zuletzt war er unter der Leitung von Gustav Kolb als Redakteur der Allgemeinen Zeitung tätig. In seinen letzten vier Lebensjahren war er „still, trüb und körperlich leidend."

In einem ausführlichen und sehr einfühlsamen Nachruf würdigte Karl August Mebold Lists Persönlichkeit und seine bleibenden Verdienste. Dabei führte er u.a. an, dass List „ein ungestümer, trotziger, aber auch beharrlicher Geist" gewesen sei, der seine besseren Einsichten geradlinig und konsequent vertreten habe. Auf einer loyalen föderativen Basis habe er eine friedliche Agitation organisiert und eine Debatte eröffnet, die nach und nach alle sozialen Fragen der damaligen Zeit erfasst habe. List habe mehr getan, als irgendein anderer, um das deutsche Selbstwertgefühl zu wecken, und er habe die im Argen liegende Nationalökonomie zu einer echten Wissenschaft gemacht. „Wer wolle leugnen, dass dem Vertreter der nationalen Arbeit, dem Schöpfer einer deutschen Handelspolitik der Dank des Vaterlandes gebührt?"

Ein ungleich schwereres Schicksal war Johann Heinrich Franz Gräter (1797–1861) beschieden, der in Öhringen geboren wurde aber in Schwäbisch Hall aufgewachsen ist. Er studierte einige Semester Theologie und Medizin in Tübingen und war dort einer der Gründer der Burschenschaft „Arminia". „Wegen dringenden

Die Demagogengesellschaft auf dem Hohenasperg von 1825:
Karl A. Mebold,   Elias G. Härlin,   Eugen W. Bardili,   Karl A. Hase;
Original im Besitz des Autors.

Verdachts der Teilnahme an staatsverbrecherischen Verbindungen" wurde Gräter im September 1824 verhaftet und auf dem „Demokratenhügel" gefangen gesetzt und zu vier Jahren Festungshaft verurteilt. Unter der Bedingung, nach Amerika auszuwandern, kam er 1826 vorzeitig frei.

In den USA schlug sich Gräter mit Gelegenheitsarbeit durch. Bereits aus seiner Burschenschafterzeit hatte er im Übermaß dem Alkohol zugesprochen. Diese Sucht verschlimmerte sich unter dem Eindruck der Haft und machte ihn unfähig, einer geregelten Arbeit nachzugehen. Er suchte schließlich sein Glück in einer christlichen Sekte. Armut und Heimweh trieben ihn aber nach 14jährigem Aufenthalt in den USA wieder in die alte Heimat. Zunächst lebte er mit seiner Familie in Stuttgart, kehrte dann aber völlig mittellos nach Schwäbisch Hall zurück. Wegen seiner häufigen Alkoholexzesse bekam er den Spottnamen „Schnapsgräter". Die Revolution von 1848 riss ihn zwar kurz aus dem Sog allmählicher Verelendung. Dann stand er noch einmal im Rampenlicht der Öffentlichkeit und er konnte zum letzten Mal für seine Ideale eintreten. Nach dem Scheitern der Revolution setzte dann der unaufhaltsame Verelendungsprozess wieder ein, der bis zu seinem Tod 1861 angehalten hat.

Dem aus Stuttgart stammenden Pfarrvikar Friedrich Eugen Wilhelm Bardili (1799-1827) war nur ein kurzes Leben beschieden. Während seines Theologiestudiums an der Universität Tübingen wurde er Mitglied der Burschenschaft und deswegen zu einer 3 ½ jährigen Festungshaft verurteilt. Auch er wurde mit der Auflage, in die USA auszuwandern, vorzeitig freigelassen, ist aber kurz darauf in New York verstorben.

Etwas besser erging es dem ebenfalls in Stuttgart geborenen Mediziner August Friedrich Scheurer, der wegen seiner Mitgliedschaft bei der Burschenschaft zur gleichen Haftstrafe wie Bardili verurteilt wurde. Auch er musste in die USA auswandern; er hat sich als Arzt und Apotheker in Ohio niedergelassen und ist dort relativ jung im Jahre 1840 gestorben.

Elias Gottlob Friedrich Härlin (1793–1873) kam in Wimpfen zur Welt. Er studierte Jura an der Universität Tübingen und war Mitbegründer der „Allgemeinen deutschen Burschenschaft". Im Jahre 1817 hatte er am Wartburgfest teilgenommen, und nach Abschluss seines Studiums übernahm er in Ellwangen eine Stelle als Justizreferendar.

Wegen seiner Freundschaft mit dem Jenaer Studenten Karl Sand und seiner Mitgliedschaft in der Burschenschaft wurde er zu zwei Jahren Festungshaft verurteilt. Nach seiner Entlassung konnte er in Ellwangen seine berufliche Laufbahn in der Justizverwaltung fortsetzen und brachte es bis zum Oberjustizprokurator. Im Sommer-Semester 1818 war Härlin einer von 11 Hörern, die Lists Vorlesung über die „Württembergische Staatsverfassung" an der Universität Tübingen besucht haben. Im Hörerverzeichnis steht hinter seinem Namen: „sehr fleißig, war verhindert, dem Examen anzuwohnen".

In einem Nachruf wird Härlin als „ein Mann von reinstem, edlem Charakter" gewürdigt, der bis zu seinem Tod „unverdrossen und unermüdlich" für ein freies und geeintes Deutschland gekämpft und die Jugend zu begeistern vermocht habe.

Carl Christian Knaus (1801–1844) stammte aus Vaihingen an der Enz. Zunächst besuchte er die neu gegründete landwirtschaftliche Schule in Hohenheim, ehe er bis 1823 in Tübingen Kameralwissenschaften studierte. Dort trat er auch in die Burschenschaft ein. Als seine Mitgliedschaft im Sommer 1824 bekannt geworden war, wurde er nach siebenmonatiger Untersuchungshaft zu 2 Jahren Festungshaft verurteilt. Da er in der Haft erkrankte, kam er durch einen Gnadenerweis vorzeitig frei.

Zwischen 1826 und 1840 war Knaus in verschiedenen Dienstverhältnissen als Ökonomieverwalter auf mehreren badischen Domänen tätig. Im Jahre 1840 wurde er als ordentlicher Professor der Land- und Forstwirtschaft an die Staatswirtschaftlichen Fakultät der Universität Tübingen berufen und gleichzeitig aufgrund seiner Antrittsvorlesung zum Doktor promoviert. Seine Vorlesungen waren durch häufige Exkursionen zu landwirtschaftlichen Betrieben praxisnah gestaltet. Knaus war Mitbegründer der Zeitschrift für die gesamten Staatswissenschaften in Tübingen und Mitarbeiter bei zahlreichen anderen staatswirtschaftlichen Zeitungen in ganz Europa.

Im Dezember 1842 unterrichtete er Friedrich List davon, dass er dessen Abhandlung über „Die Ackerverfassung, die Zwergwirtschaft und die Auswanderung" für die Fischer'sche landwirtschaftliche Literaturzeitung rezensiert habe. Dabei fügte er etwas sybellinisch hinzu: „Obgleich Sie mich den gewalttätigen Weishaar genannt haben, werden Sie doch finden, dass wir in Lebensfragen sehr einig sind."

In der 9 Druckseiten langen Besprechung würdigte Knaus „die Ackerverfassung" mit folgender Zusammenfassung: „Wenn man aus den früheren Werken des Verfassers zu dem Schluss geführt werden könnte, derselbe habe dem landwirtschaftlichen Gewerbe eine den Ansichten des Merkantilismus entsprechende, ganz untergeordnete Stellung einräumen und es bloß als Mittel zum Zwecke betrachten wollen, so wird man in dieser vortrefflichen und genialen Schrift hierüber vollkommen befriedigt." Nahezu allen in dieser Schrift von List vertretenen Thesen und Ansichten pflichtete der Rezensent bei.

Der aus Lehrensteinsfeld stammende Friedrich Rödinger (1800–1868) war zuerst als Schreiber tätig, ehe er in Tübingen und Jena Rechtswissenschaft studierte. In beiden Universitätsstädten wurde er Mitglied der Burschenschaft und zudem gehörte er dem von Kolb initiierten revolutionären Jünglingsbund an. Wegen dieser „burschenschaftlichen Umtriebe" wurde er zu drei Jahren Festungshaft verurteilt. Nachdem er zwei Drittel der Strafe verbüßt hatte, wurde er 1826 in Stuttgart paradoxer Weise zum Richter und später zum Rechtskonsulenten berufen.

Zusammen mit Gottlob Tafel war er seit 1830 Herausgeber und Redakteur der politischen Zeitung „Der Hochwächter". Wie Tafel wurde auch Rödinger in die württembergische Deputiertenkammer gewählt. Wegen seiner Vorstrafe wurde die Wahl allerdings für ungültig erklärt. 1833 kam er wegen eines angeblichen Pressevergehens wieder in Untersuchungshaft, wurde aber freigesprochen. Im Revolutionsjahr 1848 war er Vorsitzender des Republikanischen Klubs in Stuttgart. Im gleichen Jahr wurde er als Abgeordneter in die württembergische Kammer gewählt und sogar zu ihrem Vizepräsidenten bestimmt. Außerdem gehörte er als Abgeordneter des Jagstkreises dem Frankfurter Paulskirchenparlament an.

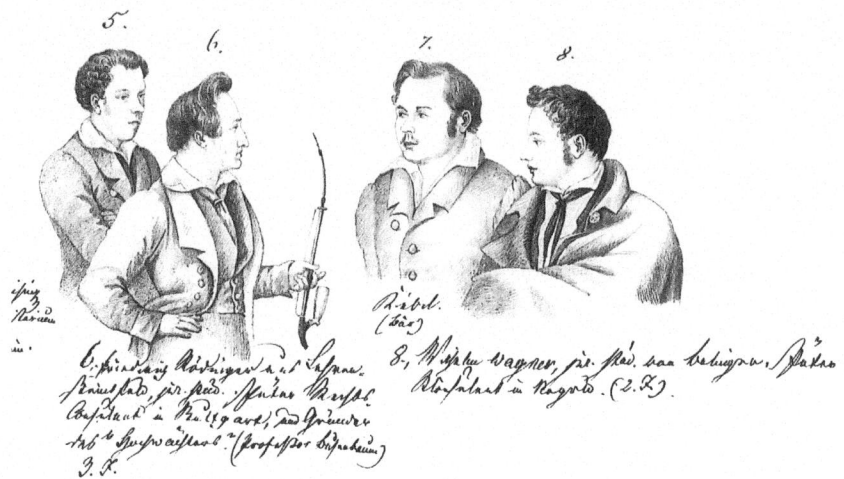

Die Demagogengesellschaft auf dem Hohenasperg von 1825:
Carl C. Knaus, Johann F. Rödinger, Heinrich A. Kübel, Wilhelm Wagner;
Original im Besitz des Autors.

Von 1851 bis zu seinem Tode 1868 war Friedrich Rödinger wieder Abgeordneter im württembergischen Parlament.

Eine vergleichbare Biographie weist Heinrich August Kübel (1799–1859) auf. Er wurde in Heilbronn geboren und erlernte zunächst ebenfalls die Schreiberei, ehe er an der Universität Tübingen Rechtwissenschaft studierte. Dort schloss er sich der Burschenschaft Arminia an. Nach Beendigung des Studiums ließ er sich als Rechtskonsulent in Kirchheim u. T. nieder. Dort wurde er ein Jahr später vom Kriminalgerichtshof in Esslingen wegen „entfernter Beihilfe zu einer hochverräterischen Verbindung" angeklagt und zu einer sechsmonatigen Festungsstrafe mit angemessener Beschäftigung verurteilt. Im Jahre 1831 wurde Kübel im Oberamt Kirchheim zum Abgeordneten in den württembergischen Landtag gewählt. Wegen seiner Vorstrafe wurde die Wahl allerdings ebenfalls annulliert. Zehn Jahre später wählte man den Rechtsanwalt zum Schultheißen der Stadt Kirchheim und 1848 wieder zum Abgeordneten in den württembergischen Landtag, wobei diesmal die Wahl für gültig erklärt wurde.

Ein Jugendfreund von Johann Friedrich Rödinger war der in Stuttgart geborene Mediziner Wilhelm Friedrich Schä(e)uffelen (1796–1869). Auch er war Mitglied der Burschenschaft und wurde deswegen zu 3 ¼ Jahren Festungshaft verurteilt. Er heiratete 1833 eine Öhringer Bürgerstochter und ließ sich 1838 als Stadtarzt in Öhringen nieder. Obwohl er wegen seiner politischen Gesinnung, das Vertrauen des Fürsten zu Hohenlohe verloren hatte, blieb Schä(e)uffelen seiner Gesinnung treu und hielt in Öhringen die jährliche Gedenkrede zur Völkerschlacht bei Leipzig.

Der Theologe Karl Hase (1800–1890) war der einzige Nichtschwabe unter der Demagogengesellschaft von 1825. Er stammte aus Niedersteinbach in Sachsen und studierte in Leipzig Theologie. Dort ist auch er Mitglied der Burschenschaft geworden. Im Jahre 1823 habilitierte er sich an der Universität Tübingen, verlor aber wegen seiner Teilnahme an der Erlanger Burschenschaft seine Stellung als Privatdozent. Außerdem wurde er, wie Friedrich List, zu einer zehnmonatigen Festungshaft verurteilt.

Nach der Verbüßung der Haftstrafe kehrte er wieder nach Leipzig zurück, habilitierte sich dort ein zweites Mal und erhielt schon im folgenden Jahr einen Ruf als Professor der Theologie mit dem Schwerpunkt Kirchengeschichte. An der Universität Jena versah Hase mehrfach das Amt des Rektors und des Dekans der Theologischen Fakultät. 1831 heiratete er die vermögende Tochter des Inhabers des Leipziger Musikverlages Breitkopf & Härtel. Im Jahre 1883 wurde Hase in den persönlichen Adelsstand erhoben. Außerdem wurde er mit dem Großkreuz des Herzoglich Sachsen-Ernestinischen Hausordens und mit der Ehrenbürgerwürde der Stadt Jena geehrt.

Es liegt die Vermutung nahe, dass Friedrich List im Jahre 1840, als er sich in Weimar um die Streckenführung der Thüringischen Eisenbahnen bemühte und verdient gemacht hat, vielleicht über Prof. Hase mit der Universität Jena in Kontakt gekommen ist, um sich dort um eine Ehrendoktorwürde der Juristischen Fakultät zu bemühen. Es könnte durchaus sein, dass Hase seinen Einfluss geltend gemacht hat, um dem einstigen Mithäftling wenigstens diese Auszeichnung angedeihen zu lassen.

Ferner ist der stud. jur. Wilhelm Wagner zu nennen, der aus Balingen stammte und wegen seiner Mitglied zur Burschenschaft zu 2 Jahren Haft verurteilt worden war. Er hat sich später als Rechtskonsulent, d.h. als Rechtsanwalt in Nagold niedergelassen.

Schließlich ist von den abgebildeten Demagogen noch der Theologe Johann Friedrich Witt (1802–1856) zu nennen, der aus Langenburg stammte und wie bereits erwähnt, das Blatt mit den 13 Porträts gezeichnet hat. Als Mitglied der Burschenschaft war der Tübinger Theologiestudent zu 2 ¹/₂ Jahren Haft verurteilt worden.

Außer den genannten Häftlingen sind noch weitere Burschenschaftler zu nennen, die mit den bereits genannten in Untersuchungshaft waren. Es sind dies der Justizreferendar Gottlob Tafel (geb. 1801 in Sulzbach am Kocher, gest. 1874 als Rechtsanwalt in Stuttgart), der evangelische Pfarrer Karl Geßler von Dörzbach (geb. 1798 in Orendelsall, gest. 1872), der evangelische Pfarrer Wilhelm Petzold von Peterzell (geb. 1797 in Möhringen auf den Fildern, gest. 1887) und der Kaufmann und spätere Verlagsbuchhändler Samuel Gottlob Liesching in Stuttgart sowie der Medizinstudent Friedrich Wilhelm Hauff. Tafel war zu einem Jahr, Geßler zu 2 Jahren, Petzold zu 4 Monaten und Liesching zu 6 Monaten Festungshaft verurteilt worden.

Samuel Liesching (1786–1854) kam in Stuttgart als Sohn eines Tuchhändlers zur Welt. Er wandte sich zunächst dem Kunsthandel zu und war einer der besten Kenner alter Meister. Als Freund von Ludwig Uhland war er Anhänger der liberalen Bewegung. Ab 1822 geriet auch Liesching wegen seiner Zugehörigkeit zu einem „staatsverbrecherischen geheimen Bund" in das Räderwerk der Justiz, und 1825 wurde er „wegen Verschweigung und Begünstigung revolutionärer Umtriebe" zu sechs Monaten Festungshaft verurteilt.

Unter den vom Untersuchungsbeamten bei Liesching beschlagnahmten Papieren, befanden sich auch vier Briefe von Friedrich List. Davon ist aber nur einer in Form einer Abschrift überliefert. In dem in Kehl am 18.3.1823 verfassten Schreiben beklagt sich List, dass der „Schwabenmichel" kein Interesse an den ihm widerfahrenen juristischen Misshandlungen habe und ersuchte indirekt den damaligen Redakteur und Herausgeber des „Teutschen Beobachters" sich für ihn ins Zeug zu legen, was dieser in einer verklausulierten Antwort ablehnte und stattdessen List zur Besonnenheit mahnte.

Der in Marburg geborene Medizinstudent Friedrich Wilhelm Hauff (1802–1825), der sich ebenfalls in Tübingen der Burschenschaft angeschlossen hatte und deswegen zu 2 ½ Jahren Festungshaft verurteilt worden war, wurde schon in der Untersuchungshaft todkrank, weshalb er noch vor Antritt der Haft seinem

Oheim, dem Pfarrer von Bondorf, übergeben wurde, wo er kurz darauf verstorben ist. Seine auf dem Hohenasperg gefangenen Bundesbrüder veranstalteten in der Mitte des Festungshofes eine ergreifende Trauerfeier. Die Gefangenen sangen ein von Mebold gedichtetes Lied mit folgendem Text:

> „Hinunter ist der Sonnenschein
> Von deinem jungen Leben,
> Ins Meer des Todes taucht er ein,
> Um neu sich zu erheben
> Über die Ufer weit
> Warf uns der Kampf der Zeit
> Mitten ins Brausen und Wogen,
> Stumm ist des Schicksals Buch,
> Hart des Gesetzes Fluch,
> Freundschaft nur bleibt uns gewogen."

5. Haftbedingungen

Die Verpflegung sei auf dem Hohenasperg ganz gut gewesen; abends gab es einen Schoppen Wein oder Bier. Das Fleisch musste in Gegenwart eines Vollzugsbeamten geschnitten werden, der dann Messer und Gabel wieder abgenommen hat. Das Lesen von Büchern war erlaubt. Dazu stellte der Stuttgarter Verlagsbuchhändler Franckh unentgeltlich Lesestoff zur Verfügung. Besonders gefragt waren die Werke von Walter Scott, die unter den Insassen zirkulierten. Dabei teilten sie durch Unterstreichungen ihren Mitgefangenen ihre persönlichen Gefühle mit.

Außer Briefen durften die Gefangenen nichts schreiben; Schlag 20 Uhr musste das Licht gelöscht werden. Deshalb waren die Abende von großer Langeweile geprägt. Zunächst waren die Häftlinge in Einzelhaft isoliert. Ab dem 30. Mai 1826 wurden die Haftbedingungen gelockert. Nun durften sich die Gefangenen in der Festung frei bewegen „und es begann jetzt ein munteres Leben".

Je vier Gefangene erhielten einen Diener aus den Reihen der Sträflinge des Zuchthauses.

Bei irgendwelchen Verstößen gegen die Gefängnisordnung trat ein aus zwei Personen bestehendes Schöffengericht ein.

Die Gefangenen erhielten von der württembergischen Regierung pro Tag 18 Kreuzer, damit mussten sie die Kost bestreiten. Die Vollzugsbeamten waren nicht sehr streng, sie unterhielten sich mit den Häftlingen und zechten mit ihnen. Außerdem erlaubten sie ihnen, dass sie auch Besuche empfangen konnten. Dadurch wurde der Hohenasperg zu einem „beliebten Wallfahrtsort" für die Tübinger Burschenschaftler, die ihre Asperger Freunde vor allem in der Herbstvakanz besuchten und mit ihnen ganze Nachmittage lustig im Freien verbrachten.

Liberale Gönner schickten „den Googen auf dem Asperg" ganze Fässer Wein, sodass diese davon „einen hübschen Vorrat" anlegen konnten. In der Nähe des Backhauses war ein Teil der Kasematten eingestürzt. Dadurch entstand eine Grotte, die von den Gefangenen „Räuberhöhle" genannt wurde. Dort saß man bei gutem Wetter zusammen, machte ein Fass auf, bekränzte besonders liebe Gäste mit einem Eichenkranz und zechte munter.

Der Innenhof auf dem Hohenasperg; Lithographie um 1850; Original im Besitz des Autors.

Aber diese „Annehmlichkeiten" dürfen nicht darüber hinwegtäuschen, dass den Häftlingen neben der Freiheit auch die Ehre genommen war und sich dieser Makel in ganz erheblichem Maße auf ihren weiteren Lebensweg ausgewirkt hat. Hinzu kamen die physischen und psychischen Verletzungen. Am schwersten war Johann Friedrich Witt gezeichnet, der sich von der Haft nie mehr richtig erholen konnte und Karl Christian Knaus erkrankte in seiner letzten Lebenszeit an einer schweren Unterleibskrankheit, die als Spätfolge auf seine Gefangenschaft zurückgeführt wurde, ganz abgesehen von Gräters Alkoholproblemen.

6. Die Entlassung der Häftlinge

Keiner der inhaftierten Burschenschaftler musste die volle Strafe absitzen. Ein königliches Dekret vom 5. August 1826 erließ dem Kübel den Rest seiner sechsmonatige Strafe, Wagner drei Viertel seiner zweijährigen Strafe, Rödinger zwei Drittel seiner dreijährigen Strafe, Tafel die Hälfte seiner Strafe. Witt, Hase und Bardili verließen ebenfalls im August 1826 vorzeitig die Festung.

„Als letzter wurde Kolb nach zweijähriger Haft entlassen und wie die übrigen in den Besitz der bürgerlichen Ehre und Rechte zurückversetzt. Als er später einmal von Augsburg nach Stuttgart kam, ließ ihn König Wilhelm rufen und bemerkte im Lauf des Gesprächs, über das ganze Verfahren sich gleichsam entschuldigend: die

Beziehungen zu Österreich und Preußen hätten ihn damals genötigt, die volle Schärfe des Gesetzes walten zu lassen."

Eine ähnliche Rechtfertigung ist von Friedrich List überliefert, der behauptete, dass der Richter, der ihn im Kriminalgerichthof in Esslingen verurteilte, noch auf dem Totenbett dessen Verurteilung bereut habe

Aus den Kurzbiographien ist ersichtlich, dass eigentlich alle nicht nach Amerika ausgewiesenen Mitglieder der Demagogengesellschaft in ihrem Heimatland Württemberg doch noch eine mehr oder minder erfolgreiche Karriere machen konnten. Dies lässt vielleicht den Schluss zu, wenn Friedrich List in der Erwartung seines Urteiles nicht Hals über Kopf ins Elsass geflohen wäre und seine Haftstrafe unmittelbar darauf zähneknirschend angetreten hätte, wäre er möglicherweise ebenfalls begnadigt worden und nach der Verbüßung der Haftstrafe hätte er in der württembergischen Verwaltung vielleicht doch noch eine adäquate Stelle bekommen. Aber dies sind reine Spekulationen. Dann wäre sein Lebensweg total anders verlaufen, und er wäre nicht zum tragischen Helden im Vormärz geworden. Für den Historiker sind solche Spekulationen jedoch abwegig; er hat sich an die Fakten zu halten und diese sind so, wie sie sind!

Andererseits wäre bei einer solchen Überlegung zu bedenken, dass Lists Vergehen als Majestätsbeleidigung behandelt wurde und der österreichische Staatskanzler v. Metternich alles daran setzte, dass Lists Flügel so weit als möglich beschnitten wurden. Da Metternich bis 1848 der mächtigste Herrscher in Europa war und List bis zu seinem Tod vom österreichischen Geheimdienst beschatten ließ und, so weit als möglich, alle seine Bemühungen vereitelte bzw. zu hintertreiben versuchte, darf bezweifelt werden, ob der württembergische König auch bei ihm hätte Gnade walten lassen.

IV. Kapitel
Lists Beschwerden über den Artikel „Eisenbahnen"
im Brockhausischen Bilder-Konversationslexikon von 1837

1. Vorbemerkung

Im März 2014 konnte ich zwei bisher unbekannte Briefe von Friedrich List an den Brockhaus-Verlag und an den Verleger Friedrich Brockhaus vom April 1839 erwerben, die auf seine damalige psychische Verfassung und seine anhaltende Verbitterung über das Verhalten des Leipziger Eisenbahnkomités ein bezeichnendes Licht werfen. In diesen Briefen beschwert er sich über einen Artikel zum Stichwort „Eisenbahnen", der im I. Band des Brockhausischen Bilder-Konversationslexikons von 1837, auf den Seiten 643–645 abgedruckt ist. Diese Autographen werden hier erstmals veröffentlicht und in den entsprechenden Kontext einbezogen.

Friedrich Brockhaus.   *Heinrich Brockhaus.*

Der Brockhaus-Verlag wurde von Friedrich Arnold Brockhaus (1772–1823) gegründet. Vor allem durch die zu seinen Lebzeiten in mehrfachen Auflagen und zahlreichen Neudrucken erschienenen Conversations-Lexikons, der späteren „Brockhaus-Enzyklopädie" sowie durch sein verlegerisches Werk von Buchpublikationen zur Zeitgeschichte, Politik und Allgemeinen Geschichte, aber auch durch seine zeit-

und literaturkritischen Journale hat der Firmengründer sprichwörtliche Berühmtheit erlangt. Allerdings brachten ihn diese Veröffentlichungen aufgrund der durch die Karlsbader Beschlüsse verhängten Zensur in erhebliche Schwierigkeiten. Nach seinem Tode wurde der Verlag von seinen beiden Söhnen Friedrich und Heinrich weitergeführt. Friedrich leitete von 1823 bis 1850 gemeinsam mit seinem Bruder Heinrich die Verlagsgeschäfte. Da er keine männlichen Nachkommen besaß, zog er sich 1850 zu Gunsten seines Bruders Heinrich gegen eine Abfindung aus dem Unternehmen zurück. Vier Jahre später rückte dessen Sohn Eduard in die Verlagsleitung auf, die sich beide bis zu Heinrichs Tod 1874 teilten.

2. Geraffte inhaltliche Wiedergabe des Eisenbahnartikels

„Eisenbahnen, Riegel- oder Schienenwege sind fahrbare Straßen mit festen Geleisen von Eisenbahnschienen oder von mit Eisen beschlagenem Holz oder Steinen, auf denen die Räder der Wagen laufen, wodurch der Widerstand, welchen sie auf gewöhnlichem Wege am Umfange erleiden, so weit aufgehoben wird, dass beinahe nur die Reibung an der Achse (!) noch zu überwinden bleibt und ihre Fortbewegung durchschnittlich wenigstens zehnfach erleichtert ist."

Die Idee dazu stammt aus deutschen Bergwerken, in denen seit Jahrhunderten hölzerne Geleise, sog. Hundegestänge zum Abtransport von Erz und Gestein verwendet werden. Die entsprechenden Karren, in denen das Material befördert wird, heißen Hunde.

Die weiteren Ausführungen in dem besagten Artikel sind zum überwiegenden Teil der technischen Beschreibung der Schienen, der Schienenwege und Geleise gewidmet. Im letzten Drittel wird dann auf die Geschichte und die Vorzüge von Dampf betriebenen Eisenbahnen eingegangen.

In der Geschichte der Eisenbahnen seien die 1825 in England errichtete Strecke, die Stockton-Darlington-Eisenbahn und in Nordamerika die erste von Quincy nach Boston gebaute Strecke „besonders wichtig." In beiden Ländern seien „seitdem die umfänglichsten Unternehmungen der Art nach allen Richtungen zum Teil schon ausgeführt, zum Teil noch in der Ausführung begriffen", ohne, dass „die unberechenbar belebende Wirkung dieser Transportmittel auf Handel, Gewerbe und Intelligenz überhaupt genauer bekannt geworden" sind. Dennoch werde „die Anlegung von Eisenbahnen eine Sache der Notwendigkeit für alle Völker sein, welche nicht weit hinter jenen zurückbleiben wollen."

In Frankreich habe man zuerst die acht Meilen lange Strecke zwischen St. Etienne und Lyon gebaut, in Belgien seitdem die Bahnen nach Antwerpen und Mechelen vollendet und auch Russland habe 1836 seine erste Eisenbahn von Petersburg nach dem benachbarten Zarskojeselo erhalten. In Deutschland werde noch keine Eisenbahn mit Dampfmaschinen befahren, „außer der am 5. Dezember 1835 eröffneten, zwei Stunden langen Ludwigsbahn zwischen Nürnberg und

Fürth, welche hauptsächlich Personen fortschafft."Außerdem seien mehrere Bahnen projektiert oder in der Ausführung bereits begonnen. „Je mehr sich diese Unternehmungen zu einem ganz Deutschland umfassenden Eisenbahnsystem gestalten, desto eher, ja vielleicht nur dann, werden einzelne darin begriffene Strecken einen guten Ertrag für die Unternehmer abwerfen."

„Die Vorteile, welche die Eisenbahnen mit sich bringen, sind allgemeine und so ausgedehnte, dass sie sich gar nicht vollständig übersehen lassen. Schon ein Pferd leistet auf der ebenen Eisenbahn bei einer Geschwindigkeit von acht englischen Meilen über fünfmal mehr, als es selbst auf Kanälen beim Ziehen von Fahrzeugen möglich ist, und mit Dampfwagen betragen die Transportkosten auf Eisenbahnen bloß den dritten Teil von denen auf Chausseen."

„Für Gegenstände, die bei geringem Werte sehr ins Gewicht fallen und in großer Menge fortgeschafft werden sollen, wie Baumaterialien, Brennholz, Steinkohlen, Salz, Getreide usw., kann die Fracht selbst um 4/5 der Chausseefracht ermäßigt werden, und diese Artikel erhalten dadurch einen um so viel erweiterten Markt. Reisende können für den dritten Teil der bisherigen Kosten viermal so schnell und noch viel schneller weiterkommen als mit den jetzigen Schnellposten, ja die englischen Eisenbahnbaumeister halten es für sehr gut ausführbar, die Schnelligkeit bis auf 100 englische oder etwa 22 deutsche Meilen in der Stunde zu steigern. Man wird künftig nicht mehr die an schiffbaren Strömen und Kanälen gelegenen Gegenden um ihren von dem leichten Absatz ihrer Produkte herrührenden Wohlstand beneiden, sondern die Wasserstraßen werden in Verbindung mit den Eisenbahnen diesen Wohlstand gleichmäßiger über das Binnenland verbreiten, indem sie einen vollständigen Austausch der hier und dort im Überfluss vorhandenen Dinge möglich machen und vielen erst durch die eröffneten Absatzwege einen Wert verleihen werden. Der Ackerbau, das Gewerbe und die Fabriken müssen dadurch einen ganz neuen Aufschwung erhalten und ebenso macht die Erleichterung des Verkehrs auch alle vorhandenen Bildungsmittel und Anstalten verhältnismäßig leichter, zugänglicher und verdoppelt ihren Einfluss."

3. Lists persönliche Bezüge zum Brockhaus-Verlag bzw. zu Friedrich und Heinrich Brockhaus

Während seines ersten Exils in Straßburg hatte sich Friedrich List in einem Brief vom 12.11.1822 wegen der Übersetzung französischer Klassiker an den Firmengründer und Verleger Friedrich A. Brockhaus gewandt, erhielt aber von diesem einen abschlägigen Bescheid. Im Gegenzug schlug ihm Brockhaus vor, einen Artikel über sich selbst und den Handelsverein für das Konversationslexikon zu schreiben. Aus unverständlichen Gründen ist List auf diesen Vorschlag nicht eingegangen, was er später zutiefst bereute, weil an seiner Stelle ein gehässiger und herabsetzender Artikel über den Handelsverein abgedruckt und in dem behauptet wurde, List sei ohne Wissen und Zustimmung der württembergischen Regierung nach Amerika geflohen.

Als sich List nach seiner Ernennung zum amerikanischen Konsul für das Königreich Sachsen um das Exequatur bemühte, hat sich der Rat der Stadt Leipzig ausdrücklich auf diesen abfälligen Artikel im Brockhausischen Konversations-Lexikon bezogen und die Behauptung erneuert, dass sich List widerrechtlich in die USA abgesetzt habe.

Während seines amerikanischen Exils verfasste List seine „Mittheilungen aus Nordamerika". Das Manuskript übersandte er an Johann Friedrich Ernst Weber in Gera. Dieser bedankte sich dafür bei seinem „trefflichen, nur Geistesfunken sprühenden Freund" und teilte ihm mit, dass er von dem Manuskript sogleich eine Reinschrift anfertigen ließ und diese dem Verleger Brockhaus zum Druck ange-boten habe, was allerdings erfolglos geblieben ist.

Während Lists Bemühungen um die erste deutsche Ferneisenbahn, muss er dem Sohn des Firmengründers, Heinrich Brockhaus, nicht nur vom Hören sagen, sondern auch persönlich bekannt gewesen sein. Denn als der erste Bauabschnitt der Sächsischen Eisenbahn von Leipzig nach Althen am 24. April 1837 einge-weiht wurde, schrieb Heinrich Brockhaus in sein Tagebuch: „Besonders freut's mich, dass des viel verkannten Friedrich List's Verdienst um die Eisenbahn, die niemand leugnen kann, auch nicht vergessen wurde, sodass der Mann ganz gerührt war."

Wenige Wochen später forderte List auf der Generalversammlung der Leipzig-Dresdner-Eisenbahnkompanie am 15.6.1837 u.a. eine größere Öffentlichkeit bei

„Eine Dampfmaschine mit einer Reihe von Reisewagen"

der Verwaltung und den zuständigen Behörden. Diesem Ansinnen pflichtete Heinrich Brockhaus bei und sprach sich in List's Sinne für „die Zweckmäßigkeit öfterer Generalversammlungen" aus, was aber „zur allgemeinen Zufriedenheit" mit großer Mehrheit abgelehnt wurde.

Schon vorher hatte List in einem Brief vom 17.4.1834 an Georg v. Cotta diesem mitgeteilt, dass er sich mit Brockhaus über dessen „Bilder-Konverstions-Lexikon" unterhalten habe. Wahrscheinlich hatte Heinrich Brockhaus bei dieser Unterredung Friedrich List darum gebeten, für den Band I dieses Konversationslexikons kurzfristig einen Beitrag zum Stichwort „Eisenbahnen" zu verfassen. Wahrscheinlich wegen der tiefen Verletzungen, die List bei seinen Bemühungen um die Sächsische Eisenbahn widerfahren sind, war er dazu aber offenbar nicht imstande. Denn am 30. Mai 1837 bittet er Brockhaus „tausendmal um Verzeihung wegen der Nichtlieferung des verlangten Artikels und der Nichtzurückgabe der mir gelieferten Bücher". Er bittet Brockhaus „gefälligst zu berücksichtigen", dass dieses Anerbieten in eine Zeit fiel, in welcher ihm jede Arbeit unmöglich gewesen sei. Dies war also unglückseliger Weise das zweite Mal, dass er dem Brockhaus-Verlag wegen eines erbetenen Artikels einen Korb erteilt hat.

Daraufhin hat Brockhaus natürlich einen anderen unbekannten Autor damit beauftragt, den entsprechenden Beitrag zu verfassen. Dieser kam ganz sicher aus dem „Leipziger Milieu" und dürfte mit Lists Bemühungen vertraut gewesen sein, dennoch gab er sich alle „Mühe", diese einfach zu negieren. Als List dann in Paris von diesem Artikel Kenntnis erlangte, beschwerte er sich bei Heinrich Brockhaus und bat darum, ihm Gerechtigkeit widerfahren zu lassen, erhielt aber von diesem wohl keine Antwort.

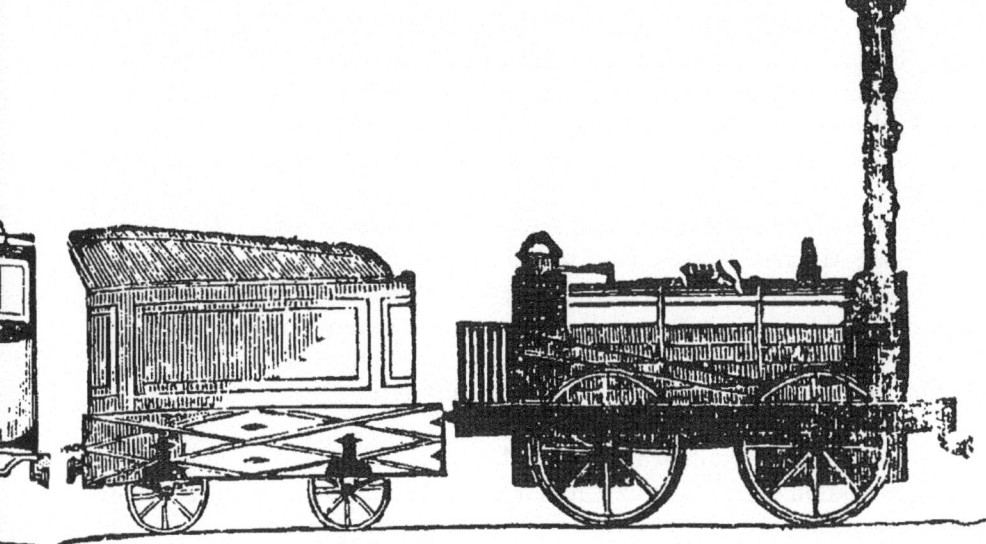

– nach einem Entwurf von Friedrich List.

4. Lists Verärgerung über den Eisenbahnartikel

Man muss sich in Lists Lage versetzen, um zu verstehen, wie ihn dieser Artikel getroffen und ihm die Zornesröte ins Gesicht getrieben hat. Für den nicht informierten Leser klingt der Text zwar ganz sachlich und keineswegs beleidigend. Die von List empfundene Schmach besteht aber darin, dass sein Name mit Ausnahme eines kleinen Literaturhinweises zu seiner Denkschrift „Über ein sächsisches Eisenbahn-System als Grundlage eines allgemeinen deutschen Eisenbahnsystems" schlicht und einfach übersehen wird und dies, obwohl der Verfasser zu erkennen gibt, dass ihm u.a. auch Lists Artikel im Pfennig-Magazin vom 7. März 1835 „Über Eisenbahnen und das deutsche Eisenbahnsystem" bekannt war. In diesem Aufsatz hatte List seine erste Eisenbahnkarte über ein deutsches Eisenbahnsystem veröffentlicht und zur Illustration „eine Dampfmaschine mit einer Reihe von Reisewagen" abgebildet, die der Verfasser des Eisenbahnartikels ohne Quellenangabe im Brockhausischen-Konversations-Lexikon einfach abdruckte.

Im technischen Teil seines Textes und bei den von ihm genannten Vorzügen des neuen Transportmittels stützt sich der Autor ebenfalls auf Lists Ausführungen im Pfennig-Magazin; teilweise werden sie wörtlich – natürlich ohne dies als Zitat zu kennzeichnen - und ohne Quellenangabe übernommen. Besonders betroffen war Friedrich List sicher darüber, dass sein unermüdlicher Einsatz für die erste deutsche Ferneisenbahn, die in dieser Zeit in Leipzig Stadtgespräch war, mit keinem Wort erwähnt wurde. Dies kann nicht mit Unkenntnis erklärt werden, sondern dürfte mit voller Absicht auf die breite Ablehnung, die ihm in Sachsen widerfahren ist, zurückzuführen sein.

Als sich dann seine Hoffnungen, im französischen Eisenbahnwesen eine leitende Stellung zu finden, endgültig zerschlagen haben, kam er, weil er seinen Groll offenbar immer noch nicht überwunden hatte, nochmals auf diesen enttäuschenden Artikel zurück, um seine Verärgerung diese Mal bei Friedrich Brockhaus vorzubringen und ihn gleichzeitig um eine journalistische Zusammenarbeit zu ersuchen.

Wie sehr sich List übergangen fühlte, wird u.a. am letzten Absatz des Artikels im Pfennig-Magazin deutlich. Dort schreibt er: Die Sächsische Eisenbahn „verdient daher die eifrige Unterstützung all derer, welchen das Wohl der deutschen Industrie am Herzen liegt;" – und dies reklamierte er als sein Verdienst.

5. Der Wortlaut der beiden Beschwerdebriefe

Die beiden eingangs erwähnten Briefe wurden am 15. April 1839 geschrieben und an die Redaktion des Verlages bzw. persönlich an Friedrich Brockhaus gerichtet. Als Versandadresse ist die unweit vom Montmartre gelegene Rue Navarin 12 in Paris angegeben. In dieser von Clara Schumann angemieteten Wohnung war die Pianistin zusammen mit den Lists untergebracht.

Der erste Brief lautet:

„Ich bin so frei, Ihnen meine Dienste für Ihre Zeitung sowie für Ihre übrigen Blätter zu offerieren. Ich korrespondiere wöchentlich vier- bis fünfmal mit der Augsburger Allgemeinen. Auch bearbeite ich für dieselbe sowie für die übrigen Cottaischen Zeitschriften größere Aufsätze. An Honorar erhalte ich 20 Francs per Brief und für die größeren Aufsätze 66 Francs per Bogen von der „Allgemeinen" und 55 Francs von den übrigen Journalen. Wöchentlich könnte ich Ihnen drei- bis viermal schreiben. Meine Quellen sind nicht bloß auf die öffentlichen Blätter beschränkt; ich stehe mit den bedeutendsten Männern auf beiden Seiten in Verbindung. Dass eine neue Zeitung nicht so gut honorieren kann, wie eine alte, weiß ich wohl, und ich stelle daher die Honorarbestimmung ganz in ihr Gutdünken. Indessen werden Sie einsehen, dass eine gute Korrespondenz nicht wohl bogenweise honoriert werden kann. Daher möchte ich mich darauf verlassen können, dass mein Zeichen geheim gehalten wird.

Bei dieser Gelegenheit kann ich nicht umhin, mich über die Ungerechtigkeit zu beklagen, welche der Verfasser des Artikels „Eisenbahnen" im Conversations-Lexikon der Gegenwart an mir begangen hat und Sie zu bitten, mich gegen fernere Ungerechtigkeit, die ich von dem für meine Person angekündigten Artikel befürchte, in Schutz zu nehmen. Ihnen ist besser als irgend Jemand bekannt, dass ich die unsinnigen Aktienspekulationen in Eisenbahnen nicht hervorgerufen, sondern denselben stets mit Eifer entgegengearbeitet habe. Schon in meinen Vorschlägen zur Herstellung eines sächsischen Eisenbahnsystems habe ich gesagt, dass in Deutschland Eisenbahnen nur auf Rechnung des Staates angelegt werden sollten. Dieser Ansicht bin ich fortwährend im Eisenbahn-Journal getreu geblieben; ich habe das meinige redlich dazu beigetragen, dass die Eisenbahnen im Großherzogtum Baden auf Rechnung des Staates unternommen worden sind. Das Staats-Lexikon enthält einen ausführlichen Artikel von mir (Canäle und Eisenbahnen), in welchem ich die Nachteile der Aktienspekulationen und die Vorteile der Staats-Regie gründlich ausgeführt habe. Von alle diesem aber hat der erwähnte Artikel keine Notiz genommen.

Man könnte freilich sagen: die Presse stehe mir offen, um ungerechte Angriffe zu widerlegen. Sie wissen aber, wie es mit der Presse in Deutschland steht und wie wenig Männer, welche bei den Regierungen nicht zum Besten angeschrieben sind, in ihrer Verteidigung gegen von oben begünstigte Angriffe Unterstützung finden.

Sodann bitte ich Sie zu erwägen, wie ungleich die Wirkung einer Verteidigung in Blättern ist, die der Tag bringt und nimmt, der Wirkung von Angegriffenen gegenüber, die durch ein ungelegendliches Werk gleichsam verewigt werden.

Dergleichen Angriffe müssen umso nachteiliger wirken, je weniger die politischen Zustände Deutschlands eine unparteiische Kritik mit Hinsicht auf die Parteien im Allgemeinen gestatten. Umso ungerechter erscheint es aber von Seiten der Redaktion eines solchen Werks, wenn sie die Wahrheiten dem Publikum gleichsam (als) gewiss gibt, indem sie zulässt, dass ihr Charakter und ihre Handlungsweise auf eine einseitige Weise dargestellt werden.

Sie wissen, wie ich in Leipzig misshandelt worden bin. Gleichwohl habe ich darauf Verzicht geleistet, meine Privatangelegenheiten vor das Publikum zu bringen. Es ist mir zu gut bekannt, dass diese Verfolgungen ursprünglich von Württemberg ausgehen, und dass man von dort aus alles aufbietet, um meine Wirksamkeit bei dem Publikum in den Schatten zu stellen, als dass ich mir von der Publizität eine andere Wirkung hätte versprechen können, als die meiner größeren Verfolgung.

Am liebsten wäre es mir unter diesen Umständen, wenn Sie den mich betreffenden Artikel ganz unterdrückten. Wollen oder können Sie das nicht, so ersuche ich Sie wenigstens, mir den Artikel mitzuteilen und zu erlauben, dass ich demselben einige Worte beifüge. Ich verspreche Ihnen, dass ich mich kurz fassen und in keinem Falle mehr als die Hälfte des Raumes, den der Artikel nimmt, zu meiner Rechtfertigung an Anspruch nehmen werde."

Offensichtlich hat Brockhaus dieser Bitte insofern entsprochen, als ein Artikel über Friedrich List im damaligen Conversations-Lexikon nicht enthalten ist.

Diesem Brief war noch ein zweiter, an Friedrich Brockhaus adressierter Brief mit dem ausdrücklichen Zusatz „zu eigenen Händen" beigefügt. Dieses Schreiben hat folgenden Wortlaut: „Im Vertrauen, aber im strengsten Vertrauen, sage ich Ihnen, dass die mit △ bezeichneten Artikel in der Allgemeinen Zeitung von mir sind. Ich bitte Sie ergebenst, dem Brief, den ich heute an Ihre Handlung gerichtet, Ihre gefällige Aufmerksamkeit zu widmen. Durch mein Anerbieten glaube ich Ihnen einen Dienst zu leisten, da Cotta alles von mir aufnimmt, auch ein größeres Werk von vier Bänden, das ich in Arbeit habe."

Aus diesem Hinweis geht hervor, dass Lists „Nationales System" ursprünglich als vierbändiges Werk geplant war, von dem er jedoch nur den ersten Band fertig stellen konnte.

Beide Briefe belegen, welche Hilferufe List ausgesendet hat, um sich aus seiner verzweifelten Lage zu befreien. Zwei Monate nach diesen Schreiben traf ihn ein weiterer schwerer Schicksalsschlag, als ihn die Nachricht vom Tode seines Sohnes Oskar erreichte und ihn in einen noch tieferen Abgrund stürzte.

V. Kapitel
„Meine Augen sind auf Europa gerichtet"
Friedrich List und die europäische Integration

1. Die Integrationsidee von Friedrich List

In seinem ökonomischen Hauptwerk, dem „Nationalen System der Politischen Ökonomie", hat List grundlegende Gedanken zu seinem Weltbild vermittelt. Dabei knüpft er an die Philosophie der Aufklärung und an den Wirtschaftsliberalismus englischer Prägung an, wenn er schreibt: Die höchste denkbare Vereinigung ist die der gesamten Menschheit unter einem Rechtssystem, und das höchste, was für alle Nationen zu wünschen wäre, sei die Handelsfreiheit in ganz Europa, ja in der ganzen Welt.

In der freiheitlich-demokratischen Atmosphäre der Schweiz konnte er während seines Exils in Aarau sogar davon träumen: „Derjenige, der auf der höchsten Höhe von Bildung steht, wird ein Weltbürger sein und eine Kooperation aller gegenwärtig selbstständigen Staaten in einem Staatenbund wünschen." Nur auf dem Wege von vertraglichen Vereinbarungen könne man „zur Welthandelsfreiheit gelangen, wodurch einzig und allein die höchste Stufe des menschlichen Wohlstandes" zu erreichen sei. Man könnte meinen, List habe bei dieser Formulierung schon an den Völkerbund oder an die UNO und meinetwegen auch an die Welthandelskonferenz von Bali gedacht, die am 6.12.2013 mit einer gemeinsamen Verpflichtung aller Staaten zur Liberalisierung des Welthandels zu Ende gegangen ist.

Friedrich List war aber Realist genug, um zu wissen, dass dieses Wunschbild zu seiner Zeit ein unerreichbares Ideal darstellt. Außerdem glaubte er nicht an die Utopie des ewigen Friedens. Im Zusammenschluss einer Nation zu einem Staat unter einem einheitlichen Rechtssystem sah er damals die größtmögliche Vereinigung von Individuen. Dabei war sein politisches Ziel natürlich in erster Linie die wirtschaftliche und politische Vereinigung der deutschen Territorialstaaten.

Nach dem Wiener Kongress von 1815 waren immer noch 39 selbstständige Fürstentümer und einige Freie Städte übrig geblieben, die eine eigene Regierung, eigene Gesetze und hoheitliche Befugnisse hatten. Friedrich List strebte die wirtschaftliche und politische Einheit aber nicht mit revolutionären Mitteln, sondern über einen freiwilligen und gewaltlosen Einigungsprozess an. Dabei war es sich bewusst, dass dieses Ziel nicht in einem Zug zu schaffen sei. Für ihn war klar, dass zunächst die wirtschaftliche Vereinigung erfolgen müsse und dann die politische Einigung anzustreben sei. Dafür prägte er folgende Formel: „Handelseinigung und politische Einigung sind Zwillingsschwestern, die eine kann nicht zur Geburt kommen, ohne dass die andere folgt."

Deswegen war er in seiner damaligen Eigenschaft als Professor der Staatswirtschaft an der von ihm mitinitiierten Staatswirtschaftlichen Fakultät an der Universität Tübingen, während der Frühjahrsmesse 1819 in Frankfurt als er mit führenden Vertretern der deutschen Kaufleute zusammentraf und deren Klagen über die vielen Zollschranken hörte, auch dazu bereit, eine entsprechende Petition für die in Frankfurt tagende Bundesversammlung, die lose Interessenvertretung des Deutschen Bundes, zu verfassen. In dieser berühmt gewordenen Petition kritisierte er die vielen Zollbarrieren, welche die wirtschaftliche Entwicklung in den deutschen Territorialstaaten strangulieren und forderte stattdessen die Schaffung einer Wirtschaftsunion. „Achtunddreißig Zoll- und Mautlinien in Deutschland lähmen den Verkehr im Innern und bringen ungefähr dieselbe Wirkung hervor, wie wenn jedes Glied des menschlichen Körpers unterbunden wird, damit das Blut ja nicht in ein anderes fließe. Um von Hamburg nach Österreich, von Berlin in die Schweiz zu handeln, hat man zehn Staaten zu durchschneiden, zehn Zoll- und Mautordnungen zu studieren, zehnmal Durchgangszoll zu bezahlen."

Da die Petition mit großem Beifall von den Kaufleuten aufgenommen wurde, gründete List im Hochgefühl seines Erfolges noch in Frankfurt den „Allgemeinen deutschen Handels- und Gewerbsverein" als erste Interessenvertretung deutscher Kaufleute. Er hat damit den Stein ins Wasser geworfen, der langsam seine Kreise zog und schließlich 1834 zur Gründung des Deutschen Zollvereins führte.

Gleichwohl dachte Friedrich List schon damals auch an die Notwendigkeit einer Vereinigung selbstständiger europäischer Staaten, um das anzustreben, was man das „Europäische Staatensystem" oder das „Europäische Gleichgewicht" zu nennen pflege. Bereits in seiner Denkschrift an die Bundesversammlung zur Abschaffung der Binnenzölle vom 20. April 1819 äußerte er die Überzeugung, dass das höchste, was für Deutschland, ja für alle Nationen wünschenswert wäre, die Handelsfreiheit in ganz Europa sei. Nur durch die allgemeine Handelsfreiheit könne Europa „den höchsten Grad an Zivilisation erreichen". Mit neidischen Blicken sehe er über den Rhein, wo ein großes Volk vom Ärmelkanal bis zum Mittelmeer, vom Rhein bis zu den Pyrenäen, von der Grenze Hollands bis Italien auf freien Flüssen und offenen Landstraßen Handel treibe, ohne eine Zollgrenze passieren zu müssen.

In einer anderen Denkschrift, die List in seiner Mission als Delegierter des Handels- und Gewerbsvereins dem österreichischen Kaiser Franz I. am 2. März 1820 überreichte, schreibt er: „Die Theoretiker werden uns doch zugeben müssen, dass es dem deutschen Nationalwohlstand sehr förderlich wäre, wenn alle europäischen Staaten den deutschen Produkten offen stünden und, dass entsprechende Handelsverträge sehr wünschenswert wären."

Nach seiner Verurteilung durch den Kriminalgerichtshof in Esslingen wegen der „Reutlinger Petition" flüchtete List zunächst nach Straßburg. Dort begründete er eine Schriftenreihe, der er nach einer griechischen Sagengestalt den Namen „Themis" gegeben hat. Das erste Bändchen war keinem Geringeren als Marquis de Lafayette gewidmet, der als junger Adliger beim amerikanischen Unabhängigkeitskampf und später in der französischen Revolution eine herausragende Rolle spielte. In dem entsprechenden Vorwort schreibt List u.a.: „Kein falscher Nationalstolz hält in unseren Tagen die Völker davon ab, sich fremde Erfahrungen als Lehre dienen zu lassen und auswärts erprobte Institutionen im eigenen Lande zu errichten", denn so fügte er hinzu: „Meine Augen sind auf Europa gerichtet!"

Etwa zur gleichen Zeit hat er aber auch vor nationaler Hybris und nationalem Egoismus gewarnt und diesen Gedanken im Laufe der Zeit noch konkretisiert.

Beim Patriotismus hat List zwischen dem „Nationalstolz" und dem „Eigendünkel" unterschieden. Unter dem Nationalstolz verstand er die „innige Anhänglichkeit und Liebe" der Staatsbürger zum Vaterland. Dazu gehöre auch die Bereitschaft, im Ernstfall „den letzten Blutstropfen dafür einzusetzen", um ihre Freiheit gegen äußere Feinde zu verteidigen. Der Eigendünkel eines Volkes sei dagegen ein großes Hindernis für seine politische Kultur, denn dieser unterscheide sich vom Nationalstolz ganz wesentlich. Der Nationalstolz gründe sich auf die physischen und geistigen Vorzüge einer Nation, kenne aber auch die Vorzüge anderer Nationen an. Der Eigendünkel sei dagegen durch das blinde Vorurteil über die Stärke der eigenen Nation gekennzeichnet und über alle Selbstzweifel erhaben. Nicht der Nationalstolz, sondern der Eigendünkel hindere die Bewohner eines Landes daran, sich Missstände und Gebrechen einzugestehen, unter denen das Volk leidet.

Obwohl es die Vernunft gebiete und den materiellen Interessen der Nationen entgegenkomme, auf die ständig wachsende Eifersucht und Missgunst zu verzichten und obwohl diese Erkenntnis ihnen sage, dass der Krieg zwischen den Völkern ebenso töricht wie grausam ist und ihnen bewusst sei, dass der ewige Friede und die Handelsfreiheit alle Völker auf die höchste Stufe von Reichtum und Macht zu erheben vermöge, sei die Bereitschaft zu friedlicher Kooperation und internationaler Arbeitsteilung noch äußerst unterentwickelt.

Wenn man bedenke, dass wahrscheinlich bald Maschinen erfunden werden, deren Zerstörungskraft eine ebenso immense Wirkung habe, wie die neuen Transportmittel auf die Mobilität der Menschen und die Güterbeförderung und, dass infolgedessen eine einzige Maschine, mit Kühnheit und Geschick gesteuert, in der Lage sein werde, ganze Armeekorps und Flotten zu zerstören, könne man sich der Idee nicht verschließen, dass der Krieg zwischen den zivilisierten Nationen nachhaltig und schnell beendet werde und eine Zeit komme, in der er nur noch zwischen zivilisierten und unterentwickelten Nationen geführt werden könne, weil über den Ausgang von Schlachten keinerlei Zweifel bestünden, sodass letztlich der Zeitpunkt komme, wo der Krieg unmöglich werde.

Wenn ein Pirat mit Hilfe eines einzigen Dampfschiffes und einer einzigen Zerstörungsmaschine ganze Meere unsicher machen könne, müssten sich die Nationen verständigen und zum Schutz der Meere zusammenarbeiten. – Ersetzt man gedanklich das Dampfschiff durch das Flugzeug, dann steht das Problem des heutigen Terrorismus und die Notwendigkeit der internationalen Zusammenarbeit plastisch vor uns. Aber auch die Schiffspiraterie am Horn von Afrika stellt nach wie vor eine Bedrohung des internationalen Seeverkehrs dar und schon List forderte, dass die

Friedrich List als Visionär; Bleistift-zeichnung mit aquarelliertem Rand eines unbekannten Künstlers; Original im Besitz des Autors.

Piraterie in Afrika mit Stumpf und Stiel ausgerottet werden müsse.

Wiederholt äußerte er die Vermutung, dass die neuen Transportmittel die Kriegsgefahr bannen und im Laufe der Zeit Angriffskriege unmöglich machen würden. Da der Krieg immer kostspieliger und verheerender werde, hätten die Regierungen nicht nur keine Zeit mehr, Kriege zu führen, sondern der Krieg werde dermaßen lästig, dass die Opfer nicht mehr zu rechtfertigen seien. Deshalb müssten die Regierungen der zivilisierten Welt dem Krieg abschwören und ihre Kraft auf die Verbesserung der Lebensbedingungen ihrer Nationen konzentrieren.

Leider waren Kaiser Wilhelm II. und Adolf Hitler sowie ihre politischen Berater und Gefolgsleute, die es immer wieder gibt und andere Kriegstreiber, die in den vergangenen 150 Jahren rund um den Erdball Kriege angezettelt haben, solche Ideen und Schlussfolgerungen völlig fremd, sonst wären der Welt die Desaster des I. und II. Weltkrieges und vieler anderer regionaler Kriege erspart geblieben.

List glaubte, dass es im Laufe der Zeit höchstens noch Stellvertreterkriege geben könne, bei denen die industriell hoch entwickelten Länder andere Länder vorschicken würden. Unter diesem Aspekt wären der amerikanische Präsident George W. Bush und die amerikanische Regierung gut beraten gewesen, wenn sie vor dem Krieg in Afghanistan und dem Irakkrieg solche Überlegungen berücksichtigt hätten. Dann wären den davon betroffenen Ländern großes Leid und riesige finanzielle Lasten erspart geblieben.

Obwohl Lists Vision bezüglich der Kriegsführung reines Wunschdenken geblieben ist, kann seiner Utopie angesichts der weltweiten leidvollen Erfahrungen in den vergangenen 170 Jahren nur uneingeschränkt zugestimmt und die Hoffnung zum Ausdruck gebracht werden, dass der internationale Waffenhandel und die Militäretats nicht bis ins Uferlose steigen werden und die Menschheit endlich zur Besinnung kommt und dem Krieg abschwört.

Im Hinblick auf die „Vereinigung des europäischen Kontinents" vertrat er die Meinung: „nichts ist der Zivilisation und den Fortschritten dieser Länder abträglicher als die eifersüchtige und neidische Politik, mit der die europäischen Nationen sich gegenseitig bekämpfen und darnach trachten, ihre Nachbarn nach Möglichkeit in den nackten Nomadenstand" – also in ihrer Entwicklung möglichst weit zurückzudrängen.

2. Die publizistische Umsetzung des Europagedankens

Nach dem vernichtenden Urteil des Kriminalgerichtshofes in Esslingen ist List bekanntlich ins Elsass und dann in die Schweiz geflüchtet, wo er in Aarau eine Aufenthaltserlaubnis bekommen hat und dort mit anderen deutschen Emigranten zusammengetroffen ist. Um sich eine materielle Existenz aufzubauen, gründeten die Emigranten in Aarau eine eigene Zeitung, der sie sinniger Weise den Titel „Europäische Blätter" gaben. Die treibende Kraft an diesem Projekt war zweifellos Friedrich List. Da sich die Redaktion strikt daran halten musste, politische Themen auszuklammern, konzentrierten sie den Themenkreis darauf, ihre Leser über die wichtigsten deutschen, französischen, englischen und zuweilen auch italienischen und amerikanischen Entwicklungen in den Bereichen Handel, Industrie und technische Erfindungen zu informieren. Deswegen sind in den von List verfassten Beiträgen zu den „Europäischen Blättern" auch keine Kommentare zu politischen Tagesfragen oder gar Visionen zur europäischen Politik zu finden. Auch die hier vorgetragenen Gedanken zur europäischen Integration sind im Listschen Gesamtwerk nicht zusammengefasst thematisiert, sondern weit verstreut.

In einer kurzen Vorlesungsreihe über die „Enzyklopädie der Staatswissenschaften", die er am Lehrverein in Aarau gehalten hat, träumte List davon, dass es eines Tages eine europäische Tagsatzung geben werde, auf der die binationalen Handelsverhältnisse geregelt, Streitigkeiten zwischen den Staaten geschlichtet und gemeinsame Vereinbarungen zur Aufnahme des Bevölkerungsüberschusses (!) getroffen werden könnten. Mit dem Begriff „Tagsatzung" wurde früher in der Schweiz der eidgenössische Bundestag, also das Parlament bezeichnet. Aus dieser Äußerung kann man wohl herauslesen, dass List schon damals die Idee des Europarates vorgeschwebt haben könnte.

Diesem träumerischen Höhenflug folgte aber sofort ein jähes Erwachen, das ihn selbst dazu veranlasste, aus dieser „fast poetischen Höhe" herabzusteigen und zur rauen Wirklichkeit zurückzukehren.

Da die Europäischen Blätter kaum etwas einbrachten, kehrte Friedrich List, nachdem er eine Sondierungsreise nach Paris und London gemacht hatte, freiwillig nach Württemberg zurück. Später wollte er nochmals ein ähnliches Projekt aufgreifen, als er dem Verleger Georg v. Cotta im Jahre 1837 den Vorschlag machte: „Könnte man nicht die Europäischen Annalen mit gewerblicher, nationalökonomischer, finanzieller, staatsrechtlicher und geschichtlicher Tendenz wieder aufleben lassen?" Cotta ist aber auf diesen Vorschlag nicht näher eingegangen.

Ebenfalls unrealisiert blieb ein Buchprojekt, das List ein Jahr später Cotta vorgeschlagen hatte. In einem Brief vom 6.9.1838 fragte er beim Verleger an, ob er ein Buch unter dem Titel „Über die Freiheit der Nationen, des Weltverkehrs und die Vereinigung der Nationen unter einem Rechtsgesetz" verlegen würde. Leider ist Cotta auch auf diese Idee nicht näher eingegangen, obwohl gerade dieser Titel aus heutiger Sicht besonders interessant wäre.

3. Die wirtschaftliche Integration von Europa

Im Zentrum von Lists Wirtschaftstheorie steht die Theorie der produktiven Kräfte. Darunter versteht er alle Faktoren, die es ermöglichen, in einer Volkswirtschaft Produkte und Dienstleistungen zu erstellen. Aus diesem Grundmuster leitete er das „Gesetz der Kraftvereinigung" oder, wie er es auch nannte, die „Konföderation der produktiven Kräfte" ab. Dieses Gesetz beschränke sich aber nicht nur auf die nationalen Produktivkräfte, sondern schließe auch die internationale Kooperation mit ein.

Um diese zu entwickeln, sei nichts nötiger, als die friedliche Zusammenarbeit und das Aufhören von Feindseligkeiten von Nation zu Nation. Obwohl es die Vernunft gebiete und den materiellen Interessen der Nationen entgegenkomme, auf die ständige Eifersucht und Missgunst zu verzichten, und obwohl diese Einsichten ihnen sage, dass der Krieg zwischen den Völkern ebenso töricht und grausam ist, wie eine Schlägerei zwischen Menschen und obwohl ihnen bewusst sei, dass der Friede und die Handelsfreiheit alle Völker auf die höchste Stufe von Reichtum und Macht zu erheben vermögen, sei die Bereitschaft zu friedlicher Kooperation und internationaler Arbeitsteilung noch äußerst unterentwickelt.

Das beste Mittel, um die internationalen Handelsbeziehungen zu verbessern und zu vertiefen, seien Handelskongresse, zu denen die kompetentesten und erfahrensten Nationalökonomen und Politiker der einzelnen Länder entsandt werden sollten, um darüber zu beraten, welche gemeinsamen Interessen vorrangig zu verwirklichen sind. Dabei sei es kein Widerspruch, dass trotz der angestrebten Handelsfreiheit, eine weniger entwickelte Nation protektionistische Maßnahmen und Beschränkungen im internationalen Warenaustausch ergreifen und hinnehmen müsse, um ihre eigenen produktiven Kräfte besser zu entwickeln und im internationalen Wettbewerb zu den fortgeschritteneren Nationen aufzurücken. Ein solches Schutzsystem, das List auch mit dem Begriff Erziehungszoll beschrieben hat und das heute als „Infant-Industry-Theorem" bezeichnet wird, sollte aber stets nur temporärer Natur sein.

Das Haupthindernis für eine engere Vereinigung des europäischen Kontinents sah List in der desolaten Lage des wirtschaftlich und politisch zersplitterten Deutschland. „Anstatt Vermittler zwischen dem Osten und Westen des europäischen Kontinents in allen Fragen der Gebietseinteilung, des Verfassungsprinzips, der Nationalselbstständigkeit und Macht zu sein, wozu dasselbe durch seine geographische Lage, durch eine Föderativverfassung, die alle Furcht vor Eroberung bei benachbarten Nationen ausschließt, durch seine religiöse Toleranz und seine kosmopolitischen Tendenzen, endlich durch seine Kultur- und Machtelemente berufen ist, bildet dieser Mittelpunkt den Zankapfel, um den sich der Osten und Westen streiten, weil man beiderseits diese durch Mangel an Nationaleinheit geschwächte, stets ungewiss hin und her schwankende Mittelmacht auf seine Seite zu ziehen hofft. Würde dagegen Deutschland mit den dazu gehörigen Seegestaden, mit Holland, Belgien und der Schweiz sich als kräftige kommerzielle und politische Einheit konstituieren und würde dieser mächtige Nationalkörper mit den bestehenden monarchischen, dynastischen und aristokratischen Interessen die Institutionen des Repräsentativsystems miteinander verschmelzen, soweit sie miteinander in Einklang zu bringen sind, so könnte Deutschland dem europäischen Kontinent den Frieden für lange Zeit verbürgen und zugleich den Mittelpunkt einer dauerhaften Kontinentalallianz bilden.

In einem derart geeinten und liberalisierten europäischen Wirtschaftssystem werde Deutschland die große kommerzielle Verbindungsstraße zwischen dem östlichen und westlichen und zwischen dem nördlichen und südlichen Europa bilden und unter dem Schirm des äußeren und inneren Friedens seinen Wohlstand aufbauen, wenn die Zollgrenzen und der allgemeine deutsche Handels- und Gewerbsverein und der Name seines geistigen Urhebers, also Lists Name, schon längst in Vergessenheit geraten seien.

Nach 1825, als List bei seinem ersten Englandaufenthalt mit Eisenbahnprojekten in Berührung gekommen war, erblickte er in „den neuen Kommunikationsmitteln" Dampfschifffahrt, Eisenbahn und Telegraphie die wichtigsten Motoren für die europäische Integration, ja in der ganzen Welt. Welchen Beitrag er sich dabei insbesondere von der Eisenbahn und der Telegraphie versprach, wird in der 1837 verfassten sog. zweiten Pariser Preisschrift besonders deutlich. Sie trägt den vielsagenden Titel: „Le monde marche – Die Welt bewegt sich."

Durch die neuen Kommunikationsmittel könne sich der Absatzmarkt jedes Produzenten und jedes Händlers, den Thünen'schen Kreisen entsprechend, ausweiten und sich die Produktion wie der Konsum der proportionalen Ausdehnung des Marktes entsprechend erhöhen, sodass sich der internationale Handel schließlich über den ganzen Erdball ausbreiten werde. Hier ist also bereits die Globalisierung vom Ansatz her vorausgedacht.

Gleichzeitig ergäben sich auch ungeahnte Möglichkeiten für die internationale Annäherung und Verständigung. Vor allem für Wissenschaftler würden Reisen ins Ausland von Nutzen sein. Sie könnten von Zeit zu Zeit die entferntesten Länder bereisen, um sich über die Fortschritte in der Technik und in der Chemie zu informieren und nach der Rückkehr in das Heimatland ihre Bemühungen und ihren Einfluss auf das ganze Land ausdehnen. Tagelöhner, Kleinbauern und Arbeiter, die oft viele Wochen lang arbeitslos sind, könnten sich in entferntere Städte und Regionen begeben, wo eine starke Nachfrage nach Arbeitskräften bestehe. Das Studium und die Kenntnis der wichtigsten Sprachen Europas werde für jeden gebildeten Menschen unumgänglich. Die jährlichen Kongresse von Wissenschaftlern und Künstlern, Kunstausstellungen und Musikfeste könnten von Wissenschaftlern und Künstlern aus allen Nationen besucht werden.

Die Eisenbahn werde auf dem europäischen Kontinent wie ein eisernes Band wirken und den endgültigen Zusammenschluss von Wirtschaftsräumen und Kulturzonen, wie etwa den drei Sprachgebieten der Schweiz, herbeiführen. Der euro-

Friedrich List in der »Frankfurter Bittschrift« an die Bundesversammlung 1819

Zitat

»Nur alsdann werden die Völker der Erde den höchsten Grad des physischen Wohlstands erreichen, wenn sie allgemeinen, freien, unbeschränkten Handelsverkehr unter sich festsetzen.«

Anonymer Einblattdruck zu Lists 200. Geburtstag 1989;
Original im Besitz des Autors.

päische Kontinent, der von Cadix und Lissabon bis St. Petersburg und Moskau und von Neapel bis Le Havre über Paris, wo der Eisenbahnknotenpunkt, das Zentrum dieser beiden riesenhaften Linien liegen werde, und von Paris quer durch Deutschland, Österreich-Ungarn bis zum Schwarzen Meer, werde seinen Handel in einem ungeheuren Umfang erweitern, ohne von einer maritimen Großmacht abhängig zu sein. Diese Formulierung spielt natürlich auf England an.

Wie sehr gerade Deutschland von einem derartigen Schienennetz profitieren werde, machte List zur gleichen Zeit in einem seiner wichtigsten Aufsätze über „Eisenbahnen und Kanäle" im Staats-Lexikon deutlich. Darin wagte er folgende Voraussage: „Der Reiseverkehr an Fremden aus allen europäischen Ländern, in dem Deutschland auch wegen seiner Bäder, wegen der Mannigfaltigkeit seiner Institute an Messen, Schulen, Universitäten, Kunstausstellungen usw. mehr fremde Reisende anzieht wie jedes andere Land, wird unermesslich sein und, wenn man dabei den Charakter des Volkes und des Landes, die herrschende Ordnung und den Weltenbürgersinn der Nation in Betracht zieht, so möchte man sich der Hoffnung hingeben, Deutschland werde durch ein europäisches Kontinental-Transportsystem in Beziehung auf Handel und Industrie, wie auf Wissenschaften und Künste zum Vereinigungspunkt des ganzen europäischen Kontinents sich erheben."

Dieser Prozess werde noch durch die Telegraphie verstärkt, die von unermesslichem Nutzen sein werde, wenn sie zum Zwecke der Wirtschaft, der Technik, der Industrie und zur Förderung freundschaftlicher Beziehungen zwischen den Ländern eingesetzt werde. Die Telegraphie sei eine der wichtigsten Erfindungen des menschlichen Geistes. Sie beweise, wie die Kreativität des Menschen weite Entfernungen überbrücken könne. Die über den ganzen Erdball verbreiteten telegraphischen Verbindungen erlaubten es den Nationen und Regierungen so miteinander in Kontakt zu treten und ihre Verträge abzuwickeln, wie wenn sie nur wenige Meilen von einander entfernt wären. (Das Internet lässt grüßen!).

Er sei sich durchaus bewusst, dass die neuen Kommunikationsmittel auch missbraucht werden können. Er wolle nicht von Anschlägen und Attentaten auf einzelne Personen oder Regierungen sprechen, aber die Telegraphie könne zweifellos auch von einzelnen Personen für unerlaubte Vorteile missbraucht werden. Dies rechtfertige aber keineswegs ein totales Verbot; es sollten lediglich Schutzvorrichtungen gegen eine unzulässige Nutzung eingebaut werden.

Das, was im 19. Jahrhundert Eisenbahn und Telegraphie waren, sind heute natürlich das Auto, das Flugzeug, das Telefon, das Fernsehen, das Internet, das smart-phone, die Videokonferenz und viele andere moderne Kommunikations- und Transportmittel.

4. Die politische Integration von Europa

Schließlich werde der Zeitpunkt kommen, an dem das in zahlreiche kleine Bruchstücke zersplitterte Europa auch eine politische Vereinigung anstreben müsse. Diese Notwenigkeit ergäbe sich aus der Wahrscheinlichkeit, dass Russland danach strebe ein unaufhörlich wachsender Koloss zu werden und auch die Staaten Mittel- und Westeuropas unter seine Kontrolle bringen wolle. Diese Unterjochung werde aber nicht eintreten, wenn sich diese Länder politisch zusammenschließen würden. (Man denke hier nur an die Situation in der Ukraine!).

Eine andere Bedrohung für Europa sah List in einem möglichen Bevölkerungsdruck von Afrika voraus. Wenn es nicht gelinge, die dortige Bevölkerungsentwicklung durch eine entsprechende wirtschaftliche Entwicklung aufzufangen, dann könne das für Europa noch gefährlich werden. So schreibt er in einem Artikel des Staats-Lexikons von 1834: Wenn es nicht gelinge die Hauptgründe für die Rückständigkeit des afrikanischen Kontinents zu beseitigen, könnte eines Tages die Gibraltar gegenüberliegende spanische Exklave „Tanger mit dem Fort Ceuta bei einer Invasion von Marokko aus (für Europa) von Wichtigkeit werden." An Lampedusa hat er freilich damals noch nicht gedacht.

Am 18.3.2014 meldete dpa, dass beim größten Massensturm auf die ebenfalls zu Spanien gehörende Exklave Melilla etwa 500 afrikanische Flüchtlinge gelangt seien. Nach Schätzungen der Behörden hätten etwa 1 000 Afrikaner versucht, von Marokko aus auf spanisches Gebiet zu gelangen. Die Flüchtlinge nutzten den dichten Nebel, der über der Stadt an der nordafrikanischen Mittelmeerküste lag und den Polizeibeamten die Sicht nahm. Der bislang größte Flüchtlingssturm auf Melilla fand 2005 statt. Damals waren 350 Afrikaner in die Stadt gelangt. Deswegen ließ Spanien damals seine Grenzbefestigung ausbauen.

Friedrich List bei der Zollkontrolle an einer innerdeutschen Grenze; Zeichnung von O. E. Günther; Sammlung E. Wendler.

Wahrscheinlich schwebte List damals nur eine politische Integration der Staaten vor, die wir heute mit dem Begriff Kerneuropa bezeichnen würden: Deutschland, Belgien, Holland, Frankreich, die Schweiz und Dänemark. An die Ost- und Süderweiterung hatte er ganz bestimmt noch nicht gedacht, zumal etwa das Osmanische Reich noch bis an die Grenze der Habsburgmonarchie reichte und z.B auch Italien noch nicht vereinigt war.

Hinsichtlich der Ost- und Süderweitung der Europäischen Union ist darauf hinzuweisen, dass List für eine wirtschaftliche und politische Vereinigung zwei Voraussetzungen verlangte. Zum einen müsse sie freiwillig erfolgen und zum zweiten sollten sich nur solche Staaten zusammenschließen, die sich in etwa auf derselben Entwicklungsstufe befinden. Für Griechenland und die anderen kritischen Euro-Länder ist die erste Voraussetzung zweifellos erfüllt. Ob aber auch die zweite Voraussetzung im Sinne von List für den Beitritt in die Währungsunion gegeben war, darf bezweifelt werden.

Aufgrund seiner hohen Zivilisation und seiner Ressourcen sollte sich nach Lists Meinung Frankreich an die Spitze der europäischen Einigungsbestrebungen stellen, weil es in politischer, rechtlicher, wirtschaftlicher und kultureller Hinsicht das fortschrittlichste Land auf dem europäischen Kontinent sei. Welche politische Bedeutung er gerade in einem engen deutsch-französischen Verhältnis erblickte, wird an einem frommen Wunsch deutlich, den er im Mai 1843 in einem Brief an Arnold Duckwitz, einem berühmten Bremer Politiker, so formulierte: „Wenn ich von unserem lieben Herrgott den Auftrag erhielte, die Welt umzugießen, so würde ich verordnen, dass die deutschen Männer französische Frauen und die französischen Männer deutsche Frauen heiraten müssten. Das müsste eine herrliche Rasse geben, und wenn ich 30 000 Franzosen nach Hamburg, Bremen und Hannover schicke, so bin ich überzeugt, dass wir dort in fünfzig bis 100 Jahren eine Majorität für ein nationales System haben." – gemeint war natürlich ein supranationales System.

Dass für einen solchen Brückenschlag die belgische Hauptstadt ein wichtiger Brückenpfeiler wäre, deutete List schon 1831 in einem Brief an den amerikanischen Außenminister Van Buren an, in dem er die amerikanische Regierung um eine diplomatische Funktion in Belgien ersuchte und darauf aufmerksam machte, dass Brüssel ein Zentralpunkt zwischen Deutschland und Frankreich sei.

Bezüglich der Stellung der Schweiz zur europäischen Integration machte List ebenfalls eine zutreffende Ansage. Aus ökonomischer Sicht sei zwar nicht einzusehen, weshalb „die Schweiz bei dem geringen Umfang ihres Territoriums und bei ihrer gegenwärtigen Verfassung an ihrem eigenen Handelssystem festhalten wolle. Ein zollpolitischer Anschluss an den Zollverein, an Österreich oder an Frankreich würde ihr sicher große Vorteile bringen. „In welchem von diesen drei Handelskörpern die Schweiz einträte, überall würde sie sich zum industriellen Emporium (d.h. Wachstum) des mit ihr vereinten Handelskörpers emporschwingen. Gleichwohl dürfte die Schweiz aus höheren politischen Gründen Bedenken tragen, ein Anerbieten dieser Art, von welcher Seite es auch gestellt werden möchte, anzunehmen. Der materielle Reichtum ist nur dann wünschenswert, wenn er unbeschadet wertvollerer Güter erworben werden kann."

Dies wird durch das Votum der Eidgenossen zur jüngsten Volksabstimmung über die künftige Zuwanderungspolitik in der Schweiz erneut bestätigt; – eine Erkenntnis, die zur Versachlichung der Diskussion beitragen könnte.

5. Bemühungen um eine deutsch-englische Allianz

Aus der rasch wachsenden Verbreitung der neuen Kommunikationsmittel leitete Friedrich List aber auch noch folgende Schlussfolgerung ab: England werde hauptsächlich aus der Festigung und Ausdehnung seines Kolonialreiches einen großen Nutzen ziehen. Je mehr seine Kolonien und Besitzungen in Asien, Afrika

Robert Peel.   *Lord Palmerston.*

und Australien an Bevölkerung, Zivilisation und Wohlstand zunähmen, desto
größer werde sein Absatz an Fertigfabrikaten, desto bedeutender seine Bevölkerung, sein Reichtum, seine Finanzkraft, seine Schifffahrt und folglich seine See-
und Landmacht. Man könne damit rechnen, dass sich England bis China eine
„Weltgasse" bahnen und die „Häuser" rechts und links davon seiner Herrschaft
einverleiben werde.

Man denke bei dieser Voraussage nur an Gibraltar, Malta, Zypern, Aden, Indien,
Ceylon, Singapur und Hongkong.

Kein Mensch könne voraussagen, wann dieser Zeitpunkt erreicht sie. Aber das
dürfe man keck sagen: das Menschenkind ist bereits geboren, das alles dies ausgeführt sehen wird. England werde überall in der Welt Stapelplätze für seinen Handel
anlegen. Außerdem werde es versuchen, diesen Ländern seine Kultur und seine
Sprache der an Unterwürfigkeit und Arbeit gewöhnten Bevölkerung aufzuzwingen. Lediglich bei den Arabern rechne er hierbei mit größeren Schwierigkeiten.

List prophezeite aber gleichzeitig, dass das englische Weltreich nicht von Dauer
sein werde. Er hielt es für sicher, dass Australien, Neuseeland und die Kolonien
an der Küste des südlichen und östlichen Afrika eine politische Bedeutung erlangen und nach dem Beispiel der Vereinigten Staaten ihre Unabhängigkeit erhalten
werden.

Um seine Weltmachtstellung zu behaupten müsse England, so folgerte List, viel
daran gelegen sein, eine Allianz mit Deutschland einzugehen, aber nicht mit

Deutschland, wie es gegenwärtig sei, sondern wie es sein und mit Hilfe Englands werden sollte, nämlich mit einer wirksamen Allianz.

Es spreche alles dafür, die englisch-deutsche Zusammenarbeit zu intensivieren und eine politisch-ökonomische Allianz anzustreben, die nur zum beiderseitigern Vorteil gereichen könne. Auf diese Weise würde England seine ökonomische Vormachtstellung behaupten. Im Gegenzug solle es Preußen unterstützen, die noch nicht dem Zollverein, also der Wirtschaftsunion angehörenden deutschen Territorialstaaten mit Ausnahme Österreichs handelspolitisch zu integrieren.

Ferner sollte es Deutschland beim Aufbau seiner Produktivkräfte helfen und ihm das Zustandekommen der politischen Einheit erleichtern. Als wirksames Mittel dieser Unterstützung forderte List die Tolerierung eines temporären Schutzzollsystems durch die englische Regierung.

Um diese Allianz den englischen Politikern vorzuschlagen, reiste List im Frühjahr 1846 aus eigenem Antrieb zum zweiten Mal nach London. Sowohl der englischen Regierung, d.h. dem Premierminister Robert Peel, als auch dem Oppositionsführer Lord Palmerston und dem Gemahl der Königin Victoria, Prinz Albert von Sachsen-Coburg-Gotha, unterbreitete er seine Allianzdenkschrift.

Dass diese Mission schon vom Ansatz her als Fehlschlag enden musste, versteht sich von selbst. List besaß weder ein politisches Mandat, noch konnte er auf die Unterstützung der öffentlichen Meinung in den Staaten des Zollvereins zählen und zudem lag die politische Einheit Deutschlands aus englischer Sicht noch in weiter Ferne.

Sowohl der Premierminister als auch der Oppositionsführer bescheinigten List, dass sie seine Denkschrift aufmerksam gelesen hätten. Seine politischen Ansichten seien wohl begründet, aber seine wirtschaftspolitischen Schlussfolgerungen falsch. Der Freihandel beginne wie die Nächstenliebe im eigenen Haus und protektionistische Maßnahmen könnten eine Nation weder wohlhabend noch stark machen. Deshalb solle List erst einmal dafür sorgen, dass im Zollverein ohne Einschränkung der Freihandel eingeführt werde.

Die Ablehnung der Allianzdenkschrift schmälert keineswegs die reife politische Einsicht, mit der Friedrich List vom Ansatz her die Bismarck'sche Bündnispolitik vorweggenommen hat. Sie setzte dem „Künder der deutschen Einheit", wie er in einer populären Biographie von Uller genannt wurde, das letzte Glanzlicht auf.

Wir schließen uns der Meinung von Gustav Kolb an, der drei Jahre nach Lists Tod, diese Denkschrift mit den Worten würdigte: „sie ist die ruhigste, folgerichtigste und geistvollste Darstellung, die je aus Lists Feder kam."

Lange nach seinem Tod und dem politischen Abgang von Otto v. Bismarck haben sich die nun von England vorgebrachten Bestrebungen zur Bildung einer deutsch-englischen Allianz zerschlagen, als Kaiser Wilhelm II. 1898 ein entsprechendes Angebot des britischen Außenministers Joseph Chamberlain ablehnte.

6. Schlussbetrachtung

Es erscheint bemerkenswert, dass Friedrich List, obwohl er lediglich als Privatmann auftreten konnte, sowohl von Prinz Albert, als auch von Robert Peel und Viscount Palmerston mit Achtung und Zuvorkommenheit empfangen und seine Allianz-denkschrift aufmerksam zur Kenntnis genommen wurde. Der damalige preußische Botschafter am englischen Hof, Christian Karl Freiherr v. Bunsen, schrieb wenige Tage nach Peels Ablehnung an den Premierminister: List ist ein aufrichtiger Patriot. Obgleich seine Maßnahmen, die er zum Wohle seines Landes vorschlägt, nicht verwirklicht werden können, seien sie dennoch grundsätzlich richtig.

Die Herausgeber von Band VII der Gesamtausgabe, Friedrich Lenz und Erwin Wiskemann, geben 1931 dazu folgenden Kommentar: „Wenn gegen List und insbesondere gegen seine Allianzdenkschrift herkömmlicher Weise eingewendet wird, dass die Vorstellung eines Bündnisses zwischen dem starken England und dem schwachen deutschen Bund an sich illusionär gewesen sei, so ist dem historisch wenig entgegenzuhalten." Andererseits erinnerten beide an „die sorgenvollen Visionen des alten Bismarck, der fast ein halbes Jahrhundert später um die Erhaltung eines geeinten und erstarkten Deutschlands willen, England in sein Bündnissystem des europäischen Friedens einzubeziehen suchte." Gerade aber daran würden „die Größe der Vorahnungen von List unbeschadet des Mangels an realen Voraussetzungen für eine deutsch-englische Allianz zu seiner Zeit ganz deutlich."

Immerhin bescheinigte ihm auch der Chemiker Justus v. Liebig, dass niemand „die englischen Verhältnisse, die ich (Liebig) ziemlich gut durch meine Reisen dahin kenne, besser wie Herr List (beschreibt); aber welche Kluft zwischen seinen und den akzeptierten Ansichten unserer Staatsmänner."

Andererseits weisen auch Lenz und Wiskemann darauf hin, dass List „die tiefen und zähen Wurzeln zwischen Utilitarismus und Idealismus im britischen Charakter verkannt" habe. Unbeschadet dieses psychologischen Irrtums habe List aber besser, als das England des 19. und 20. Jahrhunderts erkannt, dass die Briten – langfristig betrachtet – um ein enges Bündnis mit einem starken Deutschland nicht herum kämen. – Angesichts der von David Cameron für 2017 angekündigten Volksabstimmung über die weitere Mitgliedschaft der Briten in der Europäischen Union erscheint diese Erkenntnis von ganz besonderer Aktualität.

In dieses Szenario passt auch ein Zitat, das in einer Schrift von A. Wetzel von 1898 überliefert wurde. Darin erwähnt der Verfasser, allerdings ohne genaue Quellenangabe, den berühmten amerikanischen Nationalökonomen Henry Charles Carey (1793–1879) mit den Worten: „Um List ist eine Stille, die auf etwas Besseres deutet. Das wahre Denkmal Lists wird das deutsche Europa sein!" An diesem Zitat missfällt nur das Wort „deutsch", weil es in diesem Zusammenhang hegemonial klingt, von List aber keineswegs so gemeint war. Er hat die künftige Rolle Deutschlands als ein integratives, wenn auch sehr wichtiges Puzzleteil in der europäischen Staatengemeinschaft angesehen.

VI. Kapitel
Technologischer Fortschritt und Science Fiction bei Friedrich List

1. Der Begriff Science Fiction und das Technologieverständnis von Friedrich List

Im Frühjahr 1824 unternahm List von Aarau aus eine Sondierungsreise nach Paris und London, um dort die Aussichten für eine auskömmliche Existenz zu erkunden. In der englischen Hauptstadt kam er erstmals mit Eisenbahnprojekten in Berührung. Er konnte zwar die erste mit Dampf betriebene Eisenbahnstrecke der Welt von Stockton nach Darlington nicht gesehen haben, weil diese erst ein Jahr später fertig gestellt und eingeweiht wurde. Aber er erkannte schlagartig die revolutionäre Bedeutung des neuen Transport- und Kommunikationsmittels. Denn unmittelbar nach seiner freiwilligen Rückkehr nach Württemberg schlug er während seiner Haft auf dem Hohenasperg der württembergischen Regierung vor, im Schwarzwald geschlagenes Holz anstatt mit der Flößerei mit Hilfe einer Gleisbahn abzutransportieren, was natürlich keine Beachtung fand.

Als er dann von der württembergischen Regierung gezwungen wurde, in die USA auszuwandern, schrieb er in Le Havre angesichts der geographischen Nähe der britischen Inseln in sein Tagebuch: „Es lebe der Dampf!" „Er wird dem 19. Jahrhundert allein das sein, was dem 15. Jahrhundert all seine Erfindungen und Entdeckungen zusammengenommen gewesen sind. Er wird dem Handel und Gewerbe neuen Schwung und neue Richtung geben; er wird die entferntesten Teile der Erde sich nahe bringen; er wird den Binnenländern die unendlichen Vorteile der Küstenländer und Stromgebiete verschaffen."

Das Dampfschiff, die Eisenbahn und die Telegraphie waren für ihn die technischen Vorboten einer neuen Zeit, welche die Welt in politischer, wirtschaftlicher, kultureller, militärischer und sozialer Hinsicht von Grund auf verändern werde. Die technischen Pioniere, wie James Watt, der Erfinder der Dampfmaschine, Robert Fulton, der Erfinder des Dampfschiffes und Justus Liebig, der Erfinder der Agrarchemie bezeichnete List als „Heroen einer neuen Zeit!"

Andererseits war er aber auch kritisch genug, um etwaige Fehlentwicklungen zu erkennen. Als Beispiel sei die englische Erfindung des Chaussee-Dampfwagens genannt. Diese skurrile Erfindung war für ihn eine glatte Fehlkonstruktion, der er im Vergleich zur Schienenbahn keine Erfolgsaussichten einräumte. Dieses Gefährt sei nicht nur sehr gefährlich, weil es bei einer Schnelligkeit von zwei Meilen pro Stunde auseinanderbreche, sondern auch Pferde auf den Chausseen scheu mache sowie Menschen und Tiere über den Haufen fahre. Deshalb sei diese Maschine „zum Taugenichts gestempelt".

Chaussee-Dampfwagen; Titelblatt von Lists „National-Magazin" von 1834; Werke III/2, S. 634/5.

Während die ganz überwiegende Mehrzahl seiner Zeitgenossen auch der Eisenbahn noch lange Zeit äußerst skeptisch gegenüberstand, hatte Friedrich List schon ganz andere technologische Visionen, die man heute als Science Fiction bezeichnen würde. Obwohl der Begriff „Science Fiction" erst in den 30er Jahren des 20. Jahrhunderts geprägt wurde, kann man diesen ohne weiteres auf Lists technologische Erwartungen und Prophezeiungen anwenden, weil sie für die meisten Zeitgenossen utopisch klangen und als Fantastereien bestenfalls belächelt wurden. Seine Kritiker betrachteten solche Visionen als Hirngespinste eines Träumers oder Projektemachers, wie ihn der österreichische Staatskanzler v. Metternich bezeichnete oder sogar als verrückte Ideen.

In der Regel sind es nur sehr kurze Mitteilungen unter den Stichworten „Vermischtes" bzw. „Miszellen" in den von ihm herausgegebenen Zeitungen, in denen solche technologischen Höhenflüge zu finden sind; - vor allem im Eisenbahnjournal, im National-Magazin und im Zollvereinsblatt. Meistens fehlen entsprechende technische Details und manchmal hat man auch den Eindruck, dass List das technische Konstrukt selbst nur unzureichend verstanden hat. Aber man kann daraus sein breit gefächertes technisches Interesse erkennen und sehen, welche Konsequenzen diese Erfindungen in seiner Vorstellungskraft zur Folge hatten. Dabei sind mehrere Bereiche zu unterscheiden, in denen sich seine Science Fiction-

Visionen niederschlagen: es sind dies die Kommunikationstechnik, das Fliegen, die Waffentechnik, die Chemie und Landwirtschaft, die Maschinentechnik und die Heilmittel.

2. Science Fiction im Bereich der Kommunikationstechnik

Im Pfennig-Magazin von 1835 schwärmte List vom Luxus eines nordamerikanischen Dampfbootes, dessen Kajüten hinsichtlich der Geräumigkeit und Pracht den Vergleich mit den Zimmern und Sälen von fürstlichen Palästen nicht scheuen müssten. Der Fußboden sei mit Teppichen belegt und überall seien Spiegel und Gemälde angebracht. Die Wände, Säulen und Möbel bestünden aus Mahagonyholz und seien teilweise mit vergoldeten Verzierungen versehen. In den Cabineten der Passagiere stünden alle Arten von Getränken, Früchten und Erfrischungsgetränken zur Verfügung, und sie seien mit eleganten Möbeln, Sofas, Betten und allen möglichen Bequemlichkeiten ausgestattet; ja es gäbe sogar ein vortreffliches Pianoforte auf dem Schiff und an der Tafel würden die edelsten Gerichte serviert. Diese Schilderung muss den damaligen Zeitgenossen wie ein irdisches Paradies vorgekommen sein.

Obwohl Friedrich List wahrscheinlich nur den optischen bzw. Signaltelegraphen während seines Exils in Frankreich tatsächlich gesehen haben kann und Versuche mit elektromagnetischen Telegraphen allenfalls vom Hörensagen bekannt waren, erkannte er sofort deren revolutionäre Bedeutung. In der sog. zweiten Pariser Preisschrift von 1837 führte er dazu aus: Die Telegraphie sei von unermess-

Ein nordamerikanisches Dampfboot; Abb. aus Lists Artikel im Pfennig-Magazin.

lichem Nutzen für die Wissenschaft, die Technik, die Industrie und zum Aufbau freundschaftlicher Beziehungen. Sie sei eine der wichtigsten Erfindungen des menschlichen Geistes. Die über den ganzen Erdball verbreiteten telegraphischen Verbindungen erlaubten es den Nationen und Regierungen so miteinander zu kommunizieren und ihre Geschäfte abzuwickeln, wie wenn sie nur einige Meilen von einander entfernt wären. Man bedenke nur, welchen ungeheuren Vorteil England aus der Errichtung einer elektrischen Telegraphenlinie erwachsen würde, mit deren Hilfe Ostasien mit derselben Leichtigkeit von Downing Street aus zu regieren wäre, als jetzt Jersey und Guernsey, die beiden britischen Inseln im Ärmelkanal.

Ebenso wenig wie List die erste Dampf betriebene Eisenbahnstrecke der Welt von Stockton nach Darlington in persönlichen Augenschein nehmen konnte, genauso wenig hatte er die Erfindung des elektrischen Druck-telegraphen durch Samuel Morse im Jahre 1837 damals persönlich kennen gelernt.

Französischer Signaltelegraph, auch optischer Telegraph genannt.

Neben der Telegraphie geisterten aber auch schon die Luftpost, die Fernsprechmaschine und die Kopiermaschine in Lists Kopf herum. 1836 berichtet er im Eisenbahnjournal, dass man in Paris Versuche angestellt habe, um mit Hilfe einer Druckvorrichtung mit kohlensaurem Gas Depeschen von der französischen Metropole nach Lyon zu senden, und das National-Magazin von 1834 enthält eine kurze Notiz über die Erfindung einer Fernsprechmaschine in Belgien, bei der Informationen über dünne Röhren weitergegeben worden sein sollen. Wiederum im Eisenbahnjournal berichtet List über die Erfindung einer Kopiermaschine in Paris, die „außerordentlich gute Dienste leisten soll."

3. Science Fiction im Hinblick auf das Fliegen

Im wahrsten Sinne des Wortes hatte Friedrich List auch beim Fliegen „hochfliegende" Erwartungen. Bereits 1828 schreibt er im Readinger Adler: „Eine ganz neue Erfindung ist auf der Bahn, eine Flugmaschine, worin man dreißig oder vierzig Meilen in einer Stunde machen kann. Künftig werden wir bei interessanten Kongressverhandlungen um 5 Uhr in Reading wegfliegen, in Washington der Sitzung anwohnen und vor Anbruch der Nacht wieder nach Hause fliegen"; und bekräftigend fügte er hinzu: „Dies ist in der Tat kein Spaß, sondern völliger Ernst."

Später bemerkte er mit einem gewissen Stolz im Zollvereinsblatt von 1843, dass „die erste Idee einer Flugmaschine dem deutschen Vaterland zu vindicieren", d.h. nahezulegen, von „einem Schneider aus Ulm ausging, der nach Dädalos wieder zum ersten Mal flog." Dann fügte List hinzu: es sei „unverantwortlich", dass die Ulmer ihrem Landsmann keine Beachtung und Anerkennung zuteil werden ließen.

Der Schneider von Ulm nach einer originalen Zeichnung von Albrecht Ludwig Berblinger.

Natürlich bezieht sich List hier auf den Ulmer Schneider Albrecht Ludwig Berblinger, der am 30. Mai 1811 seinen berühmten Flugversuch von der Adlerbastei an der Donau unternommen hatte und in den Fluss gefallen war. Seine Landung in der Donau war nicht nur mit Häme, sondern auch mit einem sozialen Abstieg verbunden. Man bezeichnete ihn als Lügner und Betrüger, was zur Folge hatte, dass auch die Kunden in seiner Schneiderwerkstatt ausgeblieben sind. Im Alter von 58 Jahren starb er im Hospital völlig verarmt und mittellos an Auszehrung.

Der Ballon des Iren T.M. Mason bei der Landung.

Dädalos war der berühmte griechische Künstler in mythischer Zeit, der bei König Minos auf Kreta Zuflucht gefunden hatte, von diesem aber zusammen mit seinem Sohn Ikaros im Labyrinth eingesperrt wurde. Mit Hilfe von künstlichen Flügeln gelang beiden der Ausbruch, wobei Ikaros ins Meer stürzte, während Dädalos die Flucht nach Sizilien gelang.

Unter der Überschrift „Luftschifffahrt" schreibt List im Zollvereinsblatt von 1844: „Noch immer werden die Versuche, dieses Problem zu lösen, nicht aufgegeben. Neuerlich hat ein Herr M. Mason die Idee, den Luftballon vermittelst der archimedischen Schraube zu dirigieren, auszuführen gesucht. Er verfertigte einen Ballon von der Gestalt eines Eies. Unter demselben ist ein leichtes Holzgerüst in der Form eines Kahns angebracht und an dem Zentrum desselben hängt ein länglich geformter Karren, woran vorne eine archimedische Schraube angebracht ist. Dieser ist verhältnismäßig groß, aber von leichtem Material und hat hinten ein Ruder, vermittelst dessen der Ballon geleitet wird."

List bezieht sich hierbei auf eine historische Ballonfahrt des Iren Thomas Monk Mason, der zusammen mit zwei anderen Ballonfahrern im Jahre 1836 eine Rekordstrecke von 500 Meilen in 18 Stunden zurückgelegt haben soll.

4. Science Fiction im Bereich der Waffentechnik

Von diesen Visionen ist es nur ein kleiner Schritt zu revolutionären Erfindungen und Entwicklungen in der Waffentechnik.

Das Eisenbahnjournal von 1835 enthält eine kurze Notiz, dass bei der Belagerung von Oporto zum ersten Mal zwei sechspfündige „Schlachtraketen" eingesetzt worden seien. „Dieses neue Zerstörungsmittel und die Dampfzerstörungsmaschinen werden", wovon List überzeugt war, „in den nächsten Kriegen eine furchtbare Rolle spielen." Bei dieser Mitteilung hatte er sich auf die Belagerung der portugiesischen Hafenstadt Porto von 1832/33 durch den damaligen Regenten Dom Miguel bezogen.

Obgleich die Verwendung von Raketen als Waffe wegen ihrer geringen Reichweite und großen Treffersicherheit noch völlig in den Kinderschuhen steckte, ahnte List bereits deren riesige Zerstörungskraft, wenn er in der zweiten Pariser Preisschrift 1837 die Befürchtung äußert: Wenn man bedenke, dass wahrscheinlich bald Maschinen erfunden werden, deren Zerstörungskraft eine ebenso immense Wirkung hat, wie die neuen Transportmittel auf die Mobilität der Menschen und, dass infolge dessen eine einzige Maschine, mit Kühnheit und Geschick gesteuert, in der Lage sein könne, ganze Armeekorps und Flotten zu zerstören, könne man sich der Idee nicht verschließen, dass der Krieg zwischen den zivilisierten Nationen nachhaltig und schnell beendet werde und eine Zeit komme, in der er nur noch zwischen zivilisierten und unterentwickelten Nationen geführt werden könne, weil über den Ausgang von Schlachten keinerlei Zweifel bestehen, sodass letzten Endes der Zeitpunkt komme, wo der Krieg unmöglich werde. Auch wenn dieser Zeitpunkt schon längst gekommen ist, ist die Welt vom Pazifismus weiter entfernt, denn je.

Von einer anderen Waffe berichtet List im National-Magazin von 1834. Es handelt sich dabei um die Erfindung eines Tauchbootes, das mit einer besonderen Zerstörungsmaschine, sog. Torpedos, ausgerüstet werde. Mit einem solchen Boot fahre man unbemerkt unter die Schiffe, die man zerstören wolle und befestige an dem Boden derselben den Torpedo, der erst nach einer bestimmten Zeit losgehe und dann das ganze Schiff in die Luft sprenge.

In einem seiner letzten Aufsätze im Zollvereinsblatt von 1846 informiert List über die von dem Chemiker Christian Friedrich Schönbein entdeckte Schießbaumwolle. Sie entstehe durch die Einwirkung starker Salpetersäure auf Cellulose. List rechnete damit, dass man aufgrund dieser Erfindung neuartige Granaten herstellen werde, durch die sich die Form von Gewehren und schweren Geschützen verändert, und er befürchtete, dass deren „verderbliche" Nutzung „furchtbare Verbrechen begünstigen" werde. Die Schießbaumwolle wurde zwar in der zweiten Hälfte des 19. Jahrhunderts für Sprengzwecke, Seeminen und Torpedos verwendet, aber die weitergehenden Erwartungen hinsichtlich der Verwendung zu Granaten haben sich trotz entsprechender Versuche nicht erfüllt.

5. Science Fiction im Bereich der Chemie

Quantensprünge in der Entwicklung erwartete Friedrich List auch von der Chemie. Dabei begeisterte es sich vor allem für „Liebig's Agriculturchemie", die künftig in der Landwirtschaft „eine Hauptrolle" spielen werde. Ebenso werde die Agrartechnik durch den in England erfundenen Dampfpflug revolutioniert. Man sei erstaunt, „mit welcher Leichtigkeit" damit das Ackerland umgearbeitet werden könne und es sei zu erwarten, das diese Erfindung „eine neue Ära in der Landwirtschaft herbeiführen" werde.

In diesem Zusammenhang beschäftigte er sich auch mit neuen Konservierungs-methoden für Lebensmittel. So informierte er im Zollvereinsblatt von 1843 über Charles Payne's Erfindung Fleisch zu präservieren. Man wisse, wie beschwerlich und risikoreich es sei, den großen Fleischüberschuss von Nord- und Südamerika, vom südlichen Afrika und von Australien auf den europäischen Markt zu bringen, weil das Pökeln unzureichend sei und das Fleisch oft in verdorbenem Zustand auf den Markt komme. Bei dem von Payne erfundenen Verfahren werde das Fleisch in einen Zylinder gelegt, den man luftdicht verschließt. An dem Zylinder werde eine Luftpumpe angeschlossen und über eine Rohrleitung werde dann eine Salzlauge in den Behälter gepumpt. Auf diese Weise entstehe ein Vakuum und die Salzlauge werde in das Fleisch gepresst. Bei dieser Methode könne die Haltbarkeit des Fleisches gesteigert werden, ohne dass die Qualität darunter leide. Im Grunde genommen war dies die Geburtsstunde der Vakuumverpackung.

Eine andere Methode werde in Nordamerika praktiziert. Dort lege man im Winter das Fleisch lagenweise in ein Fass und bedecke es mit Schnee, sodass sich die Lagen nicht berühren. Ehe man das Fleisch einlegt, lässt man die Oberfläche etwas gefrieren. Auf diese Weise bleibe das Fleisch den ganzen Winter so frisch, wie wenn es direkt vom Schlachter käme.

An anderer Stelle beschreibt List ein Verfahren, wie man Milch für eine längere Seereise haltbar machen kann. Hierzu werde frisch gemolkene Milch in Flaschen gefüllt und mit einem Korken verschlossen. Dann lege man auf den Boden eines Kochkessels eine Lage Stroh und darauf eine Lage mit den gefüllten Flaschen, die wiederum mit einer Lage Stroh bedeckt werde bis der Kessel gefüllt ist. Dann leite man Wasser in den Kessel und bringe dieses langsam zum Sieden. Sobald das Wasser zu sieden beginne, lösche man das Feuer und lasse den Kessel langsam erkalten. Dann lege man die Flaschen in frisches Stroh oder Sägemehl. Auf diese Weise könne die Milch auf einer längeren Seereise frisch gehalten werden.

Im Jahre 1834 teilte List im National-Magazin mit, dass man in den USA Versuche angestellt habe, mit Gas zu kochen. Hierzu werde das Gas in eine Röhre geleitet. Um die Hitze zu konzentrieren, werde ein kegelförmiger Schirm aus Eisenblech über die Flamme gesetzt. Als nächster Schritt solle ein Herd entwickelt werden, an dem man „zugleich braten, backen, kochen und schmoren kann."

6. Science Fiction in der Landwirtschaft

Schon 1824 hatte List in den Europäischen Blättern über eine neue Art „junge Gänschen, Entchen und Hühnchen auszubrüten", berichtet. In England sei es gelungen, diese Tierchen mit Hilfe einer Dampfmaschine auszubrüten. Hierdurch könne man „tausend Stück Geflügel auf ein Mal das Leben geben." Dem berühmten französischen Physiker René Antoine Réamur (1681–1757) war es zwar bereits 1750 gelungen, Hühnereier künstlich auszubrüten. Dies geschah aber entweder durch die Wärmeabstrahlung eines Holzfeuers in einem eigens dafür konstruierten Ofen oder durch die Wärme von Stallmist. Wenn nun aus England die Kunde kam, dass sich die Dampfmaschine auch für diesen Zweck erfolgreich einsetzen lasse, so musste dies dem Fortschrittsgläubigen List sehr bedeutsam erscheinen. Er bezweifelte allerdings, ob diese Erfindung in absehbarer Zeit auch in den deutschen Landen nutzbringend angewendet werde, weil es „bei der in Deutschland herrschenden Abneigung gegen allen fabrikmäßigen Betrieb" sehr fraglich sei, ob „die Dampfbrutmaschine dort großes Glück machen werde."

In Straßburg lernte er „eine ganz neue Erfindung" zur „Weinverbesserung" kennen, indem man die bei der Weingärung frei werdende Kohlensäure durch sog. „Kohlensäurewäscher" auffange und der Gärung wieder zuführe.

7. Science Fiction in der Maschinentechnik

Auf welche zukunftsweisenden Innovationen List im Bereich der Maschinentechnik aufmerksam machte, belegen die folgenden Beispiele:

Der Amerikaner Charles Clinton habe aus gebranntem Kalk einen künstlichen Stein hergestellt. Hierzu werde Kalk mit Perlasche und Alaun gemischt und das Gemenge fein zermahlen. Bei der Verwendung werde die Mischung mit Wasser angerührt. Durch das Hinzufügen von geeigneten Materialien könne man dem Kunststein jede beliebige Farbe geben. Säulen, die aus diesem Material hergestellt sind, hätten die gleiche Haltbarkeit wie Marmorsäulen. Dies war die Geburtsstunde für die Herstellung von Zement, zu der später noch die Armierung für die Betonierung hinzukam.

In einer anderen Pressenotiz schreibt List, dass in England eine Maschine zur mechanischen Bildhauerei konstruiert worden sei. Diese arbeite nach einem Modell, das sie mit äußerster Genauigkeit nachahmt und zwar in einem beliebig verkleinerten oder vergrößerten Maßstab.

Ähnlich fantastisch mutete es sicher an, wenn List von einem russischen Professor berichtet, der nach eingehenden Untersuchungen zu der Überzeugung gelangt sei, dass man mit Hilfe einer vulkanischen Einwirkung auf Kohlestücke (d.h. durch hohen Druck) auf künstlichem Wege Diamanten herstellen könne, weil Diamanten zum größten Teil ebenfalls aus Kohlenstoff bestünden.

8. Science Fiction im Bereich der Heilmittel

Schließlich machte List auch noch auf zwei neue Heilmittel zur Bekämpfung von Krebs aufmerksam. In den USA habe man einen Patienten, der an der Nase an Krebs erkrankt war, mit einem Sirup aus Pottasche, die aus der Rinde von Roteichen gewonnen wurde, erfolgreich behandelt.

In einer anderen Notiz schreibt er, dass der Saft eines Baumes, namens Mancinello, den die Indianer bei der Jagd benutzten, auch als Mittel gegen Krebs verwendet werden könne.

9. Zusammenfassung

Alle diese Kurzberichte über fantastische technische Neuheiten sind in Lists literarischem Schaffen allenfalls marginale Fußnoten, die vom Flugsand der Tagesaktualität sofort wieder zugedeckt wurden und keinerlei Nachwirkungen hervorgerufen haben.

Aber in dieser komprimierten Form offenbaren sie doch den markanten Wesenszug von List, dass er sich mit seinen Gedanken, Visionen und Taten über eingefahrene Konventionen hinweggesetzt hat und Entwicklungen sah, für die seine Zeitgenossen keinen Blick hatten und die sie deswegen als Hirngespinste oder zumindest als äußerst suspekt empfinden mussten.

Insofern war List im heutigen Sinne auch Futurologe oder Zukunftsforscher, der zu dem, was man heute Technologiefolgeabschätzung nennen würde, erste Gedanken beigetragen hat.

VII. Kapitel
Die sieben Todsünden der Ökonomie aus der Sicht von Friedrich List

1. Die sieben christlichen Todsünden

Die christliche Philosophie des Mittelalters wird als Scholastik bezeichnet. Einer der namhaften Scholastiker des frühen Mittelalters war Petrus Lombardus (gest. 1164), der sich, indem er sich auf das Johannes-Evangelium berief, mit den Sünden beschäftigte, die den Verlust des Gnadenstandes zur Folge haben und somit den geistigen Tod des Menschen herbeiführen. Wer sich diese Todsünden zu Schulden kommen lasse, komme unweigerlich ins Fegefeuer und danach in die Hölle. Nur, wer Buße tue, seine Sünden bereue, Ablass zahle und versuche, ein gottgefälliges Leben zu führen, könne auf die Gnade der Erlösung hoffen und in den Himmel kommen. Dabei nennt Lombardus sieben Todsünden, die er als unverzeihliche sittliche Abnormität bezeichnet. Es sind dies: die Hochmut, der Geiz, die Wollust, der Zorn, die Völlerei, der Neid und die Trägheit des Herzens, d.h. der Egoismus.

Allegorie der sieben christlichen Todsünden.

In dem bekanntesten Buch des Mittelalters, dem Narrenschiff von Sebastian
Brandt, das erstmals 1496 in Basel erschienen ist und mehr als drei Jahrhunderte
lang vom 16.bis 18. Jahrhundert bis zum Erscheinen von Goethes Werther das er-
folgreichste deutschsprachige Werk gewesen ist, werden diese und andere Sünden
volksnah dargestellt und durch Holzschnitte illustriert. Darin geißelt Brandt die
Laster und Torheiten seiner Zeit, die er als Narren darstellt und in 113 Kapiteln
oder Schiffsladungen mit Witz und Freimut karikiert.

An diese geistigen Wurzeln möchte ich anknüpfen und sieben Todsünden
der Ökonomie benennen, die man im literarischen Werk von Friedrich List nach-
weisen kann:

1. Bestechung oder Korruption
2. Körperliche Schwerstarbeit, insbesondere übermäßig anstrengende
   Frauen- und Kinderarbeit.
3. Ausbeutung der Arbeitnehmer durch Fabrikanten und andere
   Unternehmer
4. Sklaven- und Drogenhandel
5. Habgier und Spekulationssucht
6. Natur- und Umweltzerstörung
7. Nationale Hybris und nationaler Egoismus

Jede dieser Todsünden kann, einzeln betrachtet, zu schweren physischen und
psychischen Verletzungen führen und die Menschenwürde nachhaltig beschädi-
gen; - denken wir nur an die Sklavenarbeit und an den Missbrauch von Drogen. In
ihrer Gesamtheit fügen sie der Humanitas als Ganzes, d.h. der davon betroffenen
Bevölkerungsgruppe, einen mehr oder weniger großen Schaden zu; z.B. in Form
von Berufskrankheiten, erhöhtem Unfallrisiko, Frühinvalidität, finanziellen Ver-
lusten, die bis zum finanziellen Ruin reichen können. Je nach ihrer unterschiedlichen Ausprägung und Intensität können sie den sozialen Zusammenhalt der
Gesellschaft eines Landes gefährden, was zu sozialen Spannungen, Revolten und
Unruhen und im Extremfall sogar zu Revolutionen und zum Sturz der Regierung
führen kann, wie wir das gerade in Ägypten, in Thailand oder Venezuela, in der
Ukraine oder in Brasilien erleben; – um nur einige aktuelle Beispiele zu nennen.

2. Bestechung oder Korruption

In seinen „Gedanken über die württembergische Staatsregierung", Lists frühester
Schrift, kritisiert er die Korruption von Beamten. Das Gehalt der Staatsdiener
müsse sich einerseits nach den Kenntnissen, welche zu den einzelnen Diensten erforderlich sind und andererseits nach dem standesgemäßen Aufwand bestimmen.
Ein Richter sollte sicher mehr verdienen als ein Gerichtsdiener und ein Verwal-
tungsdirekter mehr als seine Sekretärin. Das Gehalt sollte so bemessen seien, dass

sich der Staatsdiener ausschließlich und mit Eifer seinem Amte und den damit verbundenen Aufgaben widmen könne. Wenn die Beamten zu schlecht bezahlt seien, gleiche ihre Arbeit derjenigen von verdrießlichen Fronarbeitern oder von Leibeigenen, die wie Vieh gehalten und zu schwerster körperlicher Arbeit angetrieben werden.

Die Korruption sei die notwendige Folge einer zu geringen Besoldung und nichts sei für den Staat schädlicher, als wenn seine Beamten bestechlich seien. Dadurch würden nicht nur Ungerechtigkeiten verübt und Vergehen unterdrückt, sondern auch die Untertanen, für welche die Beamten bei der Bearbeitung von Anträgen zuständig sind, hingehalten und benachteiligt. Der Schaden, den die Wohlfahrt eines Volkes aus der Korruption erleide, sei immens und stets größer als die Ersparnis, die der Staat aus einer zu geringen Besoldung der Beamten zu erzielen vermöge.

Wenn z.B. ein habsüchtiger Beamter beim Verkauf von Früchten, beim Bauwesen oder anderen Aufgaben Geschenke annehme, so sei der Schaden für den Staat oder die Gebietskörperschaft immer sehr viel größer als der Wert des Geschenkes. Wenn das Gehalt der Staatsbeamten dagegen reichlich bemessen sei, sollte jegliche Bestechung mit einer Bestrafung durch ordentliche Gerichte und gegebenenfalls durch eine fristlose Entlassung geahndet werden.

Nicht selten würden sog. Ehrengeschenke toleriert, die dem Beamten aus Dankbarkeit für geleistete Dienste gegeben werden. Aber auch diese sollten grundsätzlich unterbleiben. Erstens werde der Beamte dadurch für die Zukunft bestochen: Man lasse einmal im April zwei Parteien vor den Beamten treten, wovon die eine dem Beamten ein schönes Neujahrsgeschenk, die andere aber nichts gegeben habe, und man werde bemerken, dass der Beamte unwillkürlich die generöse Partei begünstige. Zweitens würde dadurch die Neigung zur Korruption verstärkt und der Beamte dazu verleitet, diejenigen zu schikanieren, welche ihm keine Geschenke gemacht haben.

Wie weit das Krebsgeschwür der Korruption immer noch auf der ganzen Welt verbreitet ist und welches Ausmaß sie in den einzelnen Ländern hat, kann man an den Tabellen und Graphiken zum internationalen Bestechlichkeitsindex ablesen. Dabei schneiden die skandinavischen Länder stets am besten und die schwarzafrikanischen Entwicklungsländer in der Regel am schlechtesten ab.

Vor kurzem hat ein Sonderausschuss des EU-Parlaments den sog. „CRIM-Bericht" veröffentlicht. Dieser beschäftigt sich mit dem organisierten Verbrechen, der Geldwäsche und der Korruption in Europa. Darin wird eine „ernsthafte Bedrohung" durch die grassierende Korruption registriert. Allein im öffentlichen Sektor habe man pro Jahr mehrere Millionen Fälle registriert. Den Gesamtschaden beziffert die EU-Kommission auf 120 Mrd. € pro Jahr. In dem Bericht wird eine verstärkte grenzüberschreitende Zusammenarbeit der EU-Mitgliedsstaaten gefordert. Außerdem müssten die europäischen Steueroasen verschwinden; auch der Kauf von Wählerstimmen sollte überall unter Strafe gestellt sein. Generell könne man feststellen, je stärker die Korruption in einem Staatsapparat verbreitet sei, umso desolater sei die jeweilige Volkswirtschaft und umso geringer die Wohlfahrt eines Landes. Der Korruptionsindex sei auch ein Gradmesser für die Rechtsstaatlichkeit eines Landes und diese wiederum eine wichtige Voraussetzung für unternehmerische Initiativen und Investitionen aus dem In- und Ausland.

Wir alle wissen, dass in den Entwicklungsländern, vor allem in Afrika, aber auch in den Ländern des Nahen und Mittleren Ostens sowie in den osteuropäischen Staaten ebenso, wie in den Ländern Mittel- und Südamerikas die Korruption wie das tägliche Brot zum wirtschaftlichen Alltag gehört und oftmals das entscheidende Marketing-Instrument für den Markteinstieg und die Marktentwicklung darstellt.

Dabei geht es heute natürlich nicht nur um eine etwaige Bestechung von Beamten. Auch andere Berufsgruppen, wie Politiker, Mitarbeiter von Unternehmen, Ärzte und Professoren sind gegen solche „nützliche Abgaben" keineswegs immun, wie man der Presse immer wieder entnehmen kann. Als jüngste Beispiele seien die Finanzskandale um die Elbphilharmonie oder den Berliner Flughafen genannt. Die Elbphilharmonie wird das 10 fache der ursprünglichen Kostenschätzung verschlingen, weil die verantwortlichen Politiker, wie es der Untersuchungsausschuss festgestellt hat, wissentlich falsche Angaben gemacht haben, um die Öffentlichkeit zu täuschen. Ähnliches gilt für den Berliner Flughafen und dürfte auch für andere Großprojekte, wie Stuttgart 21, zutreffen.

In der Türkei wurden jetzt 350 Polizisten und zahlreiche Staatsanwälte und Verwaltungsbeamte, die in der Korruptionsaffäre ermittelt haben, strafversetzt. Überall in der Welt, ob in Griechenland oder in Ägypten, in Thailand oder in Brasilien, in der Ukraine oder in Tunesien, in Indien oder in Spanien gehen die Menschen auf die Straße und revoltierten gegen die Korruption im Staatsapparat und in der Justiz und generell gegen die Missachtung der Menschenrechte und soziale Ungerechtigkeiten.

Vor Beginn der Olympischen Winterspiele in Sotchi wurde bekannt, dass beim Bau der Stadien und der Infrastruktur zwischen 25 und 35 Mrd. € durch Korruption versickert sein sollen.

In einem anonymen Beitrag der von List herausgegebenen Zeitung der „Volksfreund aus Schwaben", wird kritisiert, dass Beamte, die sich wegen eines Vergehens schuldig gemacht hätten, nur selten zur Verantwortung gezogen würden, weil sie von ihresgleichen gedeckt würden. Beamte könnten „in vielen Fällen Gesetze übertreten, ohne deswegen etwas besorgen" zu müssen. Falls es überhaupt zu einer juristischen Anklage kommen sollte, werde in der Regel „nichts dabei herauskommen", weil die Beamten, welche diese Untersuchungen durchführen, in der Regel mit den Schuldigen befreundet seien. Die meisten Gesetzesverstöße würden deshalb gar nicht zur Anklage kommen, sondern unter den Teppich gekehrt. An diesem Übelstand könne nur eine unabhängige Justiz Abhilfe schaffen. Heute kann man feststellen, dass die Justiz in Deutschland ein sehr hohes Maß an

Unabhängigkeit besitzt, und dass die Bundesrepublik wegen ihrer Rechtsstaatlichkeit in der ganzen Welt hohes Ansehen genießt. Dabei kann es manchmal auch zu Übertreibungen kommen, wie dies am Korruptionsprozess gegen den ehemaligen Bundespräsidenten Christian Wulff deutlich wurde.

3. Körperliche Schwerstarbeit, insbesondere übermäßig anstrengende Frauen- und Kinderarbeit

Bereits in der sog. zweiten Pariser Preisschrift von 1837 mit dem Titel: „Le monde marche" – „Die Welt bewegt sich" äußerte List die Überzeugung, dass die neuen Transport- und Kommunikationsmittel mittel- und langfristig dazu beitragen, das Wohlergehen und die Lebensbedingungen nicht nur der Wohlhabenden, sondern vor allem der breiten Masse der Bevölkerung, insbesondere das Los der Arbeiter verbessern werden. Die Segnungen dieser technologischen Revolution kämen zu 19/20 der ganzen Bevölkerung zugute. Generell erwartete er von der Industrialisierung, dass sie die Arbeiter von übermäßig harter und anstrengender körperlicher Arbeit befreien und die Sklavenarbeit durch Maschinenkraft ersetzen werde.

Dies gelte umso mehr für übermäßige Frauen- und Kinderarbeit. Wenn schon die Kinderarbeit nicht ganz verboten werde, sollte wenigstens ihre Arbeitszeit durch eine festgelegte maximale Zahl von Arbeitsstunden begrenzt und durch eine anständige Entlohnung honoriert werden, welche nicht nur die Versorgung im Krankheitsfalle, sondern auch eine etwaige spätere schulische und berufliche Ausbildung ermöglichen sollte.

In der Frühphase der industriellen Revolution habe man in den Fabriken vorzugsweise Frauen und Kinder beschäftigt. Dies erkläre sich allein aus dem Kostenfaktor, weil die Fabrikanten nicht daran gehindert wurden, die Notlage der Schwachen auszubeuten. Im Jahre 1838 seien lediglich 23 % der Arbeiter in den englischen Tuchfabriken erwachsene Männer gewesen. Alle übrigen waren Frauen, Kinder über 9 Jahre und halbwüchsige Jugendliche. Die Arbeit in den staubigen und mit Lärm erfüllten Fabrikhallen sei nur von kurzen Pausen unterbrochen gewesen und zum Teil bis auf 17 Stunden am Tag ausgedehnt worden.

Deswegen hegte List die Hoffnung, dass sich die zivilisierte Welt auf ein internationales Abkommen zum Verbot der Kinderarbeit einigen werde, um dadurch den Fabrikaten das Argument zu entziehen, sich auf diese Weise vor der Billigkonkurrenz aus dem Ausland schützen zu müssen. Für ihn wäre ein solches Abkommen einer der größten Triumphe gewesen, den die Menschheit feiert.

Wie allgemein bekannt, ist die Kinderarbeit in vielen Ländern der Dritten Welt immer noch weit verbreitet. Nach dem jüngsten Bericht der Vereinten Nationen wird die Zahl der Kinder, die in den Entwicklungsländern zu schwerster körperlicher Arbeit und als Kindersoldaten missbraucht werden, auf über 180 Millionen geschätzt.

4. Ausbeutung der Arbeiter durch Fabrikanten und andere Unternehmer

Die Industrialisierung dürfe den Menschen nicht zum Sklaven der Technik machen, sondern müsse dazu beitragen, ihm ein menschenwürdiges Leben zu ermöglichen. Arbeitsbedingungen, bei denen die Arbeiter wie Sklaven behandelt und ausgebeutet werden, verurteilte List als „Entwürdigung", „Ausbeutung" oder „Brutalisierung" der Arbeiter.

Als jüngstes Beispiel sei Katar genannt, wo im Zuge des Baus der Stadien zur Fußballweltmeisterschaft innerhalb von zwei Jahren schon mehr als 300 Arbeiter auf Grund der katastrophalen Arbeitbedingungen ums Leben gekommen sind. Sowohl in Sotchi, als auch in Katar sollen Tausende von Arbeitern unter unmenschlichen Bedingungen beschäftigt gewesen sein, wobei sie noch nicht einmal den versprochenen kargen Lohn erhalten hätten und ohne Vergütung wieder nach Hause geschickt worden seien.

Schon in der Jugendzeit bei seiner Lehre im elterlichen Betrieb als Weißgerber forderte List, dass die anstrengende und übel riechende Arbeit in der Gerberei durch Maschinenkraft ersetzt werden sollte, was bei seinen Familienangehörigen und den Bürgern seiner Vaterstadt als „überhirnischer Einfall" mit Spott und kategorischer Ablehnung quittiert wurde.

Zu den humanen Arbeitsbedingungen zählte List auch die gerechte Entlohnung der Arbeiter. Die Höhe des Arbeitslohnes müsse sich nach den jeweiligen körperlichen und geistigen Anforderungen richten. Je mehr körperliche Anstrengung und je mehr Geschick und Talent zur Erlernung und Ausübung einer Arbeit erforderlich seien bzw. je beschwerlicher, unangenehmer, gefährlicher und der Gesundheit abträglicher die Arbeit sei, desto höher müsse das Entgelt sein. Diese Forderung wird auch heute bei der Kinderarbeit in asiatischen Ländern, bei illegal Beschäftigten aus Osteuropa, bei Zeitarbeitsfirmen und großen Handelskonzernen überall in der Welt oftmals sträflich missachtet.

In diesem Zusammenhang sind neben den Niedriglöhnen auch die Verletzung der Umwelt- und Arbeitsschutzgesetze, das regelmäßige Überschreiten der tariflichen Arbeitszeit, die Einbehaltung von Pässen und anderen Ausweisen bei illegal Beschäftigten sowie bei Wander- und Leiharbeitern zu nennen. In diesem Zusammenhang darf unterstellt werden, dass List vermutlich auch für einen flächendeckenden Mindestlohn plädieren würde, wie er in den meisten Mitgliedstaaten der EU praktiziert wird.

Der Arbeitslohn sollte nach List so hoch sein, dass er den Arbeitnehmer nicht nur dazu befähigt, die für ihn und seine Familie notwendigen existenziellen Bedürfnisse zu befriedigen, sondern es ihm auch ermöglicht, sich gegen Krankheiten und die Gebrechen des Alters abzusichern und im Laufe der Zeit ein gewisses Maß von Unabhängigkeit, wir würden heute sagen, ein gewisses Maß an Lebensqualität zu ermöglichen.

Besonders kühn erscheint sein Vorschlag, die Arbeiter von großen Aktiengesellschaften als Aktionäre am Unternehmen zu beteiligen und ihnen auf diese Weise Sicherheit und Wohlstand zu verleihen; – eine Idee, die erst 100 Jahre später umgesetzt wurde, als nach dem II. Weltkrieg die ersten deutschen Aktiengesellschaften damit begonnen haben, ihre Mitarbeiter durch Belegschaftsaktien am Unternehmen zu beteiligen.

5. Sklaven- und Drogenhandel

Die Leibeigenschaft und die Sklaverei betrachtete List als soziales Übel, das in allen Teilen der Welt verachtet und beseitigt werden sollte. Die Abschaffung der Leibeigenschaft und das Verbot des Sklavenhandels waren für ihn wichtige Bestandteile seiner Theorie der produktiven Kräfte. Sie widersprachen der von ihm nachdrücklich geforderten Respektierung der Menschenrechte. Sklaverei und Sklavenhandel bezeichnete er als Barbarei an der indigenen Bevölkerung. Dazu zählte er nicht nur den Verkauf von rechtlosen Erwachsenen, sondern auch, dass Väter Kinder zeugen und erziehen, um sie später als Ware zu verkaufen oder, dass Arbeitgeber ihre Untergebenen zur Arbeit zwingen, wie dies gegenwärtig bei der Prostitution in vielen Bordellen rund um den Erdball der Fall ist. Wenn man z.B. an Thailand denkt, so wird eine jahrtausende alte kulturelle Blüte in einer oder zwei Generationen unwiderruflich beschädigt und wahrscheinlich für immer vernichtet.

Selbst in den Staaten der Europäischen Union ist Sklavenarbeit immer noch weit verbreitet. Schätzungen besagen, dass es in der EU ca. 880 000 Sklavenarbeiter geben soll. Rund 270 000 von ihnen würden sexuell ausgebeutet. Diese Zahl stammt aus einem Bericht der Internationalen Arbeitsorganisation (ILO) von 2012. Unter Sklavenarbeit versteht die ILO jede Form von Arbeit, die Menschen unter Androhung von Strafe unfreiwillig leisten müssen.

List kritisierte auch die verheerenden Auswirkungen portugiesischer, spanischer, französischer und amerikanischer Sklavenhändler in Afrika, die vielfach mit der Indoktrinierung der Ureinwohner durch christliche Missionare, vor allem der katholischen Kirche, verbunden gewesen sei.

In ähnlicher Weise geißelte er den Drogenhandel. Dem Kaufmann sei es gleichgültig, ob seine Waren den Konsumenten Nutzen oder Schaden zufügen. Er nehme weder auf die Moral noch auf den Wohlstand und die Macht einer Nation Rücksicht. Er importiere und verkaufe Gifte wie Heilstoffe; ganze Nationen entnerve er durch Opium und gebrannte Wasser. Es sei ihm völlig gleichgültig, ob er mit seinen Produkten Leute an den Bettelstab bringe und nutze bedenkenlos die jeweilige Marktsituation aus; es interessiere ihn nur, ob seine Bilanz stimme; d.h. ob er Profit mache. Im Krieg versorge er den Feind mit Waffen und Munition, wie dies u.a. auch am jüngsten Beispiel von Heckler und Koch im Hinblick auf

Mexiko bemängelt wird. Der Kaufmann würde sogar, wenn das möglich wäre, Äcker und Wiesen, auf denen er gehe, ins Ausland verkaufen, und wenn er dann das letzte Stück abgesetzt hätte, würde er sich auf ein Schiff begeben und sich dann selbst ins Ausland absetzen.

Dieser Charakterisierung ist zu entnehmen, dass List die Vorstellung des königlichen Kaufmanns wahrscheinlich als euphemistische Fiktion betrachtet hat und nicht an ein ethisches Verhalten der Kaufmannschaft glauben wollte. Dies könne allenfalls durch entsprechende Gesetze, durch die Pressefreiheit, der er im Rahmen der Menschenrechte einen besonders hohen Stellenwert beigemessen hat sowie durch den Druck des Marktes von Seiten der Wettbewerber und der Kundschaft erzwungen werden.

Gebrannte Wasser, Opium und Waffen bezeichnete List als Werkzeuge, die man zum „geistigen und körperlichen Mord missbraucht." Dabei kritisierte er die englische Freihandelspolitik, womit China in der ersten Hälfte des 19. Jahrhunderts mit Opium überschwemmt wurde, um die Bevölkerung zu demoralisieren. Dies könne auf Dauer nicht gut gehen. Denn „an einem schönen Tag werde das chinesische Freihandelsexperiment wie ein überhitzter Dampfkessel zerplatzen und ein Ende mit Schrecken nehmen."

Im Jahre 1773 hatte nämlich die englische Ostindische Kompagnie damit begonnen, den Opiumhandel in China zu monopolisieren, um von Bengalen immer größere Mengen an Rauschgift in das Reich der Mitte einzuführen, bis es schließlich zu zwei Revolten kam.

Ebenso hatte England China mit billigen Textilien überschwemmt, um das einheimische Textilgewerbe auszuhebeln. Beide Maßnahmen führten dann zu Rebellion und Aufruhr, was unter der Bezeichnung Opiumkriege in die chinesische Geschichte eingegangen ist und von List richtig vorausgesehen wurde.

Der übermäßige Genuss von Branntwein schadet nach List nicht nur der Moral und der Sitte des Volkes, sondern er müsse auch als die größte Ursache für die Armut des Volkes betrachtet werden. Deshalb unterbreitete er in einer Denkschrift dem preußischen König Friedrich Wilhelm IV. im Jahre 1846 den Vorschlag, das wichtigste landwirtschaftliche Produkt seines Landes, die Kartoffel, nicht nur als Viehfutter und zu Kartoffelschnaps zu verwenden, sondern daraus Kartoffelstärke herzustellen, die in vielfältiger Weise industriell nutzbringend verwertet werden könnte. Auf diese Weise könne sich das rohstoffarme Preußen einen wertvollen Rohstoff und ein wichtiges Exportprodukt verschaffen. Dieser sinnvolle Vorschlag blieb allerdings in der preußischen Bürokratie wirkungslos.

Neben dem Drogenhandel ist auch die Internet-Kriminalität sowie der illegale Organhandel und der Handel mit Wildtieren weltweit ein großes Problem geworden. Der Schaden, der in der EU jährlich durch Cyber-Kriminalität entsteht, wird auf 290 Mrd. € veranschlagt und der illegale Handel mit Körperorganen und Wildtieren wird auf 18 bis 26 Mrd. € pro Jahr beziffert.

6. Habgier und Spekulationssucht

Das Streben nach materiellem Wohlstand kann nach List durch die „Spekulationssucht", wir würden heute sagen, durch die Habgier, mehr oder weniger stark beeinträchtigt werden. In seiner letzten Schrift „Die Ackerverfassung, die Zwergwirtschaft und die Auswanderung" spricht er zum Beispiel von den „Dämonen der Hab- und Ehrsucht" und vom „Zunder der Zwietracht". Dies gelte vor allem für spekulative Kapitalanlagen in Aktien (gemeint waren Eisenbahnaktien) und anderen „Wertpapieren". Diese versprächen häufig „eine Illusion mit einer anderen Illusion". Kleinanleger, „die nichts wagen können und nichts wagen sollten", würden zu Risiken verleitet, indem man ihnen hohe Zinsen verspreche, während sie vielleicht später ihr ganzes Kapital verlören. Man denke hier nur an das aktuelle Beispiel der sog. Genussscheine von Prokon. Offenbar sei dieses illusorische Verfahren nur dazu erfunden worden, um Kapitalisten und Bankern hohe Prämien in die Hände zu spielen.

List ließ keinen Zweifel daran, dass sich die Wertpapierspekulation damals erst am Anfang befunden hat und sich die Spekulationssucht in Zukunft noch erheblich ausweiten und verstärken werde. Dabei warnte er davor, dass eine etwaige Aktienkrise nicht auf ein einzelnes europäisches Land beschränkt bleibe, sondern sich auch auf andere Länder auswirken werde. In seinen kühnen Visionen befürchtete er sogar, dass eines Tages „eine europäische Roulettebank" entstehen könnte, an welcher „die Völker ihr Vermögen und ihre Wohlfahrt" verspielen.

„Der Fluch der Habsucht" (F. List); Fotografie von Robert Gross.

Man könnte meinen, List habe dabei die EZB im Focus gehabt oder an eine europäische „Bad-Bank" gedacht.

List war aber keineswegs ein Gegner von Aktiengesellschaften und befürwortete diese grundsätzlich. Außerdem wies er darauf hin, dass das gesamte Wirtschaftsleben auf Spekulation beruhe. Er unterschied jedoch zwischen soliden Spekulationen und einer übertriebenen Spekulationssucht. Zur Eindämmung letzterer sprach er sich für gewisse Einschränkungen im Aktienhandel aus. So forderte er z.B., dass Direktoren von Aktiengesellschaften nicht mit eigenen Aktien Handel treiben sollten. Vermutlich würde er heute auch dafür plädieren, dass Leerkäufe und -verkäufe durch Hedgefonds weltweit verboten würden und wahrscheinlich hätte er auch gegen die Einführung der Kapitaltransaktionssteuer prinzipiell nichts eingewendet.

7. Natur- und Umweltzerstörung

Nirgendwo wird Lists Ehrfurcht vor der Natur und Umwelt deutlicher, als in einem Gedicht, das er während des amerikanischen Exils für den Readinger Adler verfasste. Vor allem die dritte Strophe ist dafür bezeichnend, in der es heißt:

> „Balsamisch haucht des Äthers Blütenduft,
> Beschwingter Sänger zarte Melodien
> Durchläuten mir zum Gottesdienst die Luft –
> Und wo sich Bäche sanft durch Eb'nen ziehen
> Und in des Waldes schattenkühler Gruft –
> Da ist allein die Heimat nur der Geister,
> Und schweigend ehr' ich dort den großen Meister."

List war davon überzeugt, dass die Natur alles im Überfluss bereit hält, was der Mensch zum Leben benötigt, und dass es gut ist, was die Natur von selbst in ihrem ordentlichen Lauf formt. Dafür habe sie unwiderlegbare Gründe und der Wissenschaft bleibe nichts anderes übrig, als dieselben aufzuspüren und in ihr eigenes System einzufügen. Denn die Übertretung der Naturgesetze habe für die Menschen fatale Folgen.

Obwohl die Notwenigkeit des Natur- und Umweltschutzes erst in den 70er Jahren des letzten Jahrhunderts, also 130 Jahre nach Lists Tod, ganz langsam erkannt wurde und sich ein ökologisches Bewusstsein entwickelte, hat List schon folgende visionäre Aussage gemacht: „Es wird aber – ich bin davon überzeugt, über das englische Ökonomiesystem (gemeint ist die Freihandelsdoktrin von Adam Smith) in Bälde ein strenges Gericht erleben, woraus die Staaten der Erde die große Lehre schöpfen können, dass Vergehen wider die Natur bei einzelnen Menschen, wie bei ganzen Nationen sich selbst am fürchterlichsten rächen." Es sei hier nur an die katastrophalen Folgen von Brandrodungen oder selbst gelegten bzw. von der Natur ausgelösten Waldbränden in Brasilien, Indonesien, Australien und in den Mittelmeerländern, an die Überfischung der Weltmeere, an die Klimaerwärmung oder an die globale Umweltverschmutzung von Wasser, Land und Luft erinnert.

Bezüglich der Wiederverwertung von gebrauchten Gegenständen hatte List schon 1834 im Eisenbahnjournal die schlichte Forderung erhoben: „Niemand sollte etwas wegwerfen oder wegschütten, ohne darüber nachzudenken, ob die nutzlos geglaubte Sache nicht noch auf irgend eine Weise zu verwenden wäre." Dies ist doch ein eindeutiges Plädoyer für das Recycling!

Nach jüngsten Schätzungen der Vereinten Nationen sterben jährlich weltweit ca. sieben Mio. Menschen allein an der Luftverschmutzung.

8. Nationale Hybris und nationaler Egoismus

Beim Patriotismus unterscheidet List zwischen dem „Nationalstolz" und dem „Eigendünkel". Unter dem Nationalstolz verstand er die „innige Anhänglichkeit und Liebe" der Staatsbürger zum Vaterland. Dazu gehöre auch die Bereitschaft, im Ernstfall „den letzten Blutstropfen dafür einzusetzen", um ihre Freiheit gegen äußere Feinde zu verteidigen. Der Eigendünkel eines Volkes sei dagegen ein großes Hindernis für seine politische Kultur, denn dieser unterscheide sich vom Nationalstolz ganz wesentlich. Der Nationalstolz gründe sich auf die physischen und geistigen Vorzüge einer Nation, kenne aber auch die Vorzüge anderer Nationen an. Der Eigendünkel sei dagegen durch das blinde Vorurteil über die Stärke der eigenen Nation gekennzeichnet und über alle Selbstzweifel erhaben. Nicht der Nationalstolz, sondern der Eigendünkel hindere die Bewohner eines Landes daran, sich Missstände und Gebrechen einzugestehen, unter denen das Volk leidet.

Obwohl es die Vernunft gebiete und den materiellen Interessen der Nationen entgegenkomme, auf die ständig wachsende Eifersucht und Missgunst zu verzichten und obwohl diese Erkenntnis ihnen sage, dass der Krieg zwischen den Völkern ebenso töricht wie grausam ist und ihnen bewusst sei, dass der ewige Friede und die Handelsfreiheit alle Völker auf die höchste Stufe von Reichtum und Macht zu erheben vermögen, sei die Bereitschaft zu friedlicher Kooperation und internationaler Arbeitsteilung noch äußerst unterentwickelt.

Auch wenn Lists Vision bezüglich der Kriegsführung reines Wunschdenken geblieben ist, so kann seine Utopie angesichts der weltweiten leidvollen Erfahrungen in den vergangenen 170 Jahren nur uneingeschränkt zugestimmt und die Hoffnung zum Ausdruck gebracht werden, dass der internationale Waffenhandel und die Militäretats nicht bis ins Uferlose steigen werden und die Menschheit endlich zur Besinnung kommt und dem Krieg abschwört.

Im Hinblick auf die „Vereinigung des europäischen Kontinents" vertrat Friedrich List die Meinung: „nichts ist der Zivilisation und den Fortschritten dieser

Länder abträglicher als die eifersüchtige und neidische Politik, mit der die europäischen Nationen sich gegenseitig bekämpfen und danach trachten, ihre Nachbarn nach Möglichkeit in den nackten Nomadenstand" – also in ihrer Entwicklung möglichst weit zurückzudrängen. Deshalb plädierte er für die friedliche und freiwillige wirtschaftliche und politische Einigung von europäischen Staaten, die sich in etwa auf der gleichen Entwicklungsstufe befinden.

In einem Gedicht über „John Bulls Rat an den deutschen Michel" kritisierte List einerseits die egoistische „Handelslist der Briten" und andererseits den deutschen Michel wegen seiner Schlafmützigkeit.

John Bulls Rat an den deutschen Michel.

Schlafe mein Kindchen, schlaf' ein,
Fabriken, mein Herzchen, lass' sein!
Und Besen und Lumpen und Stein
Kauf' ich in Menge bei Dir ein.

Schlafe mein Kindchen, schlaf' viel
Und Zucker die Menge aus Brasil'
Bringt Aberdeen Dir und mein Peel
Geschmeid' Deiner Amme gar viel.

Und wirst Du mein Kindchen nicht wach,
Und fühlst Du Dich elend und schwach,
Oh' so schreie nicht Wehe und Ach,
Sei freundlich und fröhlich und lach'!

Und wirst Du einst groß, oh so geh',
Ich beschwöre Dich, niemals zur See.
Zur See ist's so grausig, herrjeh!,
Da wird Dir so wind und so weh.

Verlasse doch niemals den Strand,
Pflanz' Du dort mit fleißiger Hand
Kartoffeln in Deinem Sand.
Nähr' Dich ehrlich und redlich im Land.

Mit Aberdeen ist George Hamilton Gordon, 4th Earl of Aberdeen gemeint, der von 1841 bis 1846 englischer Außenminister war und mit Peel, der zur selben Zeit regierende englische Premierminister Robert Peel. In diesem Gedicht macht List den Briten unverhohlen den Vorwurf, dass sie ihre ökonomische und politische Vormachtstellung zum Schaden der deutschen Fürstentümer einsetzen, aber diese nichts dagegen unternähmen und somit ihre eigenen Interessen wegen der egoistischen Kleinstaaterei mit zu wenig Nachdruck verfolgen würden. Eine zeitgenössische englische Karikatur aus der Satire-Zeitschrift „Punch" zeigt einen wohlgenährten John Bull, der den armen „Infant-Industry-Ländern" ein kleines Almosen reicht.

John Bull und die armen Entwicklungsländer; Karikatur der englischen Satire-Zeitschrift „Punch" um 1850.

9. Fazit

Welches Fazit kann man nun aus diesen sieben Todsünden der Ökonomie ziehen?

Genauso wenig, wie es die christlichen Kirchen oder andere Religionen vermochten, den Menschen zu einem gottesfürchtigen Leben und zu moralischem Handeln zu bewegen, ebenso wenig wird es den Wirtschaftsethikern und deren wissenschaftlichen Untersuchungen gelingen, aus den Wirtschaftssubjekten moralische Wesen zu machen. Der homo oeconomicus ist von der Fiktion des königlichen Kaufmanns, was immer auch darunter zu verstehen sein mag, meilenweit entfernt.

Im menschlichen Charakter schlummert noch immer das Raubtier, das unersättlich ist und fette Beute machen will. Dies entspricht der Lehre des englischen Staatsphilosophen Thomas Hobbes (1588-1679). Der erste Teil seines Hauptwerkes „Grundzüge des natürlichen und politischen Rechts" enthält eine Abhandlung „Über die menschliche Natur." Darin beschreibt Hobbes den Menschen als Egoisten, der auf den eigenen Vorteil bedacht sei und den Besitz möglichst vieler materieller Güter anstrebe. Im Naturzustand, d.h. ohne staatliche Ordnung resultiere daraus der „Krieg aller gegen alle". Dieser findet bei einem zügellosen Laissez-faire Kapitalismus in Form eines ruinösen Wettbewerbs seinen empirischen Niederschlag.

Diese Kaufmannsweisheit wird in einem Kupferstich von 1720 so ausgedrückt: „Ist dieses nicht gewiss, der meisten ihr Bemühen, des Nächsten Hab und Gut mit List an sich zu ziehen. Betrug, das Lasterbild, regiert zur See und Land und ist dem größten Teil der Menschen wohl bekannt!"

Denken wir hier nur an den Fall Höneß und an andere Finanzjongleure, an internationale Heuschrecken oder an Wirtschaftshaie im Internet. Diese zocken weltweit mit zig Milliarden und Millionen herum und verlieren dabei vollständig die Bodenhaftung. Sie absorbieren ihre kostbare Lebenszeit für ihre Finanzspekulationen. Es sind Spieler, die wie andere Süchtige krank sind. Sie machen sich dadurch nicht reicher, sondern versündigen sich an sich selbst und an der Allgemeinheit. Es geht ihnen wie Krösus oder Onkel Dagobert, die in ihrem Geldsegen erstickt sind.

Der andere Charakterzug, der den Menschen von der Begehung dieser Sünden abhält, ist der unbewusste Glaube an ein ewiges Leben und, dass man materielle Reichtümer, die man zu seinen Lebzeiten angehäuft hat, wie die Pharaonen mit ins Jenseits nehmen könne. Sie begreifen nicht, dass das letzte Hemd in Wirklichkeit keine Taschen hat.

Ein alter englischer Kupferstich aus dem 18. Jahrhundert karikiert dies eindrucksvoll. Er zeigt „The Company of Undertakers" – wie die originale Bildlegende lautet, eher in der Verkleidung von Clowns und Narren, als in der von königlichen Kaufleuten. Im Mittelpunkt des Bildes befindet sich ein leerer Beutel, um den alle gruppiert sind und zu dem sie mehr oder weniger missmutig ihre Blicke richten. Das Bild trägt den lateinischen Spruch „Et plurima mortis imago",

„The Company of Undertakers"; englischer Kupferstich aus dem 18 Jahrhundert; Original im Besitz des Autors.

frei übersetzt: „und die meisten sind schon vom Tode gezeichnet". Die gekreuzten Ellenbogenknochen am linken und rechten Bildrand unterstreichen dieses Wort; sie sollen darauf aufmerksam machen, dass unser ganzes Tun endlich ist, und wir schließlich mit leeren Taschen vom Wirtschaftsleben und Marketing Abschied nehmen müssen.

Aus den Listschen Gedanken über die sieben Todsünden der Ökomomie kann man hinsichtlich des optimalen Wirtschaftssystems einer Volkswirtschaft und bezüglich der individuellen Daseinsgestaltung im Sinne einer humanen Lebensweise folgende Schlussfolgerungen ziehen:

Bei den Wirtschaftssystemen geht es um die Abwägung der drei verschiedenen Systeme von Adam Smith, Karl Marx und Friedrich List; d.h. zwischen dem Kapitalismus und dem Sozialismus einerseits und der Sozialen Marktwirtschaft andererseits.

Ohne darauf näher einzugehen, dürfte klar sein, dass sowohl der Kapitalismus als auch der Sozialismus als inadäquat ausscheiden. Lediglich die Soziale Marktwirtschaft bietet prinzipiell die Chance, mit Hilfe der Politik, der Gesetzgebung und der Unabhängigkeit der Justiz den Rahmen dafür zu schaffen, dass die Todsünden der Ökonomie in ihre Schranken gewiesen werden. Deswegen sind unsere Ausführungen auch als ein Plädoyer für die weltweite Praktizierung der Demokratie, der Rechtsstaatlichkeit und die Respektierung der Menschenrechte zu verstehen.

Bezüglich der individuellen Lebensgestaltung verweise ich auf Lists Devise: „Durch Wohlstand zur Freiheit". Das bedeutet, dass der individuelle Wohlstand und der Volkswohlstand die materielle Basis dafür schaffen sollten, dass der Mensch seinen Talenten und Neigungen entsprechend, in freier Selbstbestimmung sein Dasein gestalten und sein persönliches Glück finden kann. Auf welchem Weg dies möglich ist, muss jedem selbst überlassen bleiben.

Aber grundsätzlich könnte man sagen: Etwas weniger Hektik, Stress und Profitgier, etwas mehr Anstand und Gerechtigkeitsempfinden, etwas weniger Egoismus und Rücksichtslosigkeit, etwas weniger Mobbing am Arbeitsplatz, etwas mehr soziale Verantwortung und soziale Symmetrie, etwas mehr Gemeinsinn und gegenseitige Unterstützung insbesondere in der Familie, etwas weniger Alkohol- und Drogenmissbrauch, etwas weniger Spielsucht und Abhängigkeit von elektronischen Medien, etwas weniger Überfluss an materiellen Gütern, etwas mehr geistige Bereicherung und Umweltbewusstsein, etwas mehr Demut vor der Schöpfung – und wir alle würden dadurch an Humanität und Menschenwürde gewinnen. Wir besitzen dazu die Freiheit. Der Verstand und das Gewissen sind uns in die Wiege gelegt und befähigen uns dazu, diese Freiheit sinnvoll zu nutzen und uns ein menschenwürdiges Dasein zu verschaffen.

Machen wir uns diese Erkenntnis zu eigen und versuchen wir danach unser Leben sinnstiftend und human zu gestalten!

VIII. Kapitel
Mosaiksteine zur List-Rezeption in China

1. Das Meinungsbild von Friedrich List über China

Friedrich List war der einzige deutsche Nationalökonom, der sich in der ersten Hälfte des 19. Jahrhunderts auch einige Gedanken über China gemacht hat. Er betrachtete China als einen „auf tönernen Füßen stehenden Koloss" mit einem „Überfluss an Tee, Zucker und Seide, um ganz Europa zu versorgen, mit einer ungeheuren Ausfuhr an Wollen- und Baumwollzeugen und Fabrikwaren, mit edlen Metallen und Edelsteinen, mit dem Überschuss einer zum strengen Gehorsam und zur Produktion abgerichteten Bevölkerung, welche in wenigen Jahren zureichen dürfte", die asiatischen und europäischen Länder mit ihren Produkten zu überschwemmen..

List kritisierte aber auch die politische Instabilität des chinesischen Kaiserreiches, dessen Bedrohung und Zerfall von außen und von innen zu erwarten sei. In diesem Zusammenhang sprach er von einem barbarischen und unzivilisierten Despotismus und von Sklaverei, die dem Fortschritt in allen politischen, ökonomischen und sozialen Bereichen entgegen stünden. Als drastisches Beispiel führte er an, dass der Kaiser von China eine neue Todesstrafe erfunden habe. Ein Eunuch, der wegen Hochverrats zum Tode verurteilt wurde, sei auf Befehl des Kaisers mit Garn umwickelt, in Wachs eingehüllt und wie ein Wachslicht verbrannt worden.

In einem Aufsatz mit dem Titel „das kleine Wölkchen am chinesischen Horizont" von 1844 entwickelte er folgende Vision: „Eher glauben wir, dass der Thron des Himmelssohnes und mit ihm das ganze Mandarinentum zusammenstürzt, als dass dreihundert Millionen Menschen ruhig zusehen werden, wie die Engländer das Werk der Gewerbszerstörung zu Ende führen". Das Wahrscheinlichste sei wohl, dass über kurz oder lang die haltlos gewordenen Millionen von Arbeitern aus Verzweiflung über die rothaarigen Barbaren herfallen und sie nötigen werden, zu Ehren der englischen Unterröcke, aufs neue ein groß angelegtes Blutbad zu veranstalten. An einem schönen Tag werde das chinesische Freihandelsexperiment wie ein überhitzter Dampfkessel zerplatzen und ein Ende mit Schrecken nehmen. Die rothaarigen Barbaren würden dann aufs Neue vertrieben und Krieg führen und der chinesische Handel werde als Folge davon auf lange Zeit unterbrochen.

Mit diesen Worten kritisierte List die verheerenden Auswirkungen des englischen Freihandels, der beispielsweise das traditionelle und hoch entwickelte chinesische Textilgewerbe zerstört und ein Heer von Arbeitslosen produziert habe, und er sah mit dieser Vorhersage im Grunde genommen die beiden Opiumkriege und den Boxeraufstand von 1900 voraus.

Andererseits erkannte List aber bereits das riesige Entwicklungspotenzial, das im bevölkerungsreichsten Land der Erde stecke. Im Rahmen seiner Politik der Zukunft prophezeite er für das Ende des 20. Jahrhunderts: Neben der Riesenmacht im Westen, also den Vereinigten Staaten von Amerika, werde im Osten eine zweite Riesenmacht entstehen, welche die Bevölkerungszahl der Riesenmacht im Westen bei weitem übersteigen und an Wohlstand ihr aber mindestens gleichkommen werde.

2. Ma Yinchu – der bedeutendste Wirtschaftswissenschaftler in China im 20. Jahrhundert

Nach dem Sturz des Kaiserreiches im Jahre 1911 und der Machtübernahme von Dr. Sun Yatsen hat es natürlich auch vielfältige Überlegungen und intensive Beratungen gegeben, wie die danieder liegende chinesische Wirtschaft wieder aufgebaut werden könnte. Elfriede Rehbein behauptet in diesem Zusammenhang, dass Sun Yatsen von Lists Ideen Kenntnis hatte, gibt dafür aber keine Quelle an.

Der bekannteste Wirtschaftstheoretiker, der sich im 20. Jahrhundert in China auf Friedrich List bezogen hat, war Ma Yinchu, der nach dem von Wolfgang Bartkes 1985 veröffentlichten Buch „Die großen Chinesen der Gegenwart" zu den „100 berühmten Persönlichkeiten Chinas" gezählt wurde.

Wir wollen hier nicht alle biographischen Stationen und ehrenamtlichen Posten von Ma Yinchu aufzählen, sondern nur die wichtigsten hervorheben. Ma Yinchu studierte vor dem I. Weltkrieg in den USA an der Yale Universität Wirtschaftswissenschaft und wurde an der Columbia Universität promoviert. Von 1915 bis 1927 lehrte er an der Nationaluniversität in Peking Volkswirtschaftslehre. In dieser Zeit gehörte er auch der Banknotenemissions-Abteilung der Bank von China an, half beim Aufbau der Shanghaier Handelshochschule und gründete 1923 die Chinesische Wirtschaftsgesellschaft, deren erster Präsident er wurde. 1928 übernahm er die Leitung des Forschungsinstituts der Verkehrsuniversität von Shanghai und war zugleich Dekan der Shanghaier Handelshochschule.

Seit seiner Rückkehr aus den USA war Ma Yinchu der führende Nationalökonom in China. Deshalb wurde er auch in den Gesetzgebungsrat der Nationalregierung unter Chiang Kai-shek berufen. Wegen seiner kritischen Stellungnahmen bekam er von 1941 bis 1943 Hausarrest; 1947 wurde er zum Mitglied der chinesischen Akademie der Wissenschaften ernannt. Dies hinderte ihn aber nicht daran, sich 1948 in Shanghai und Hangzhou an Studentendemonstrationen gegen die Nationalregierung zu beteiligen, weshalb er nach Hongkong fliehen musste.

Ma Yinchu (1881–1982).

Im September 1949, einen Monat vor Gründung der Volksrepublik China, kehrte er wieder zurück und nahm an der ersten Politischen Konsultativkonferenz der Kommunistischen Partei Chinas teil. Bald darauf wurde er Vorsitzender des nationalen Finanz- und Wirtschaftsrates. Von 1950 bis 1951 war er Präsident der Zheijang Universität und anschließend Präsident der Peking Universität, der angesehensten Hochschule des Landes.

Allerdings geriet Ma Yinchu nach 1958 wieder mit der chinesischen Führung unter Mao Zedong in Konflikt, wie zwei Jahrzehnte zuvor mit der Nationalregierung, denn erstens plädierte er für einen gewissen Marktmechanismus von Angebot und Nachfrage und zweitens forderte er eine konsequente Familienplanung in Form der ein Kind-Politik. In Bezug auf die Familienplanung wurde er von jenen Parteiideologen kritisiert, welche die Meinung vertraten, dass mit jedem Mund auch zwei Hände auf die Welt kämen, die dann zur Steigerung der Produktion beitragen könnten. Deswegen wurde Ma Yinchu 1960 als Präsident der Peking Universität wieder abberufen. Bis zum Beginn der Kulturrevolution und während der Kulturrevolution durfte er jedoch untergeordnete Posten bekleiden, die allerdings ohne politische Bedeutung waren.

Nach der Kulturrevolution tauchte er wieder ins Rampenlicht der Politik. 1979 im Alter von 98 Jahren wurde er voll rehabilitiert und zum Ehrenpräsident der Peking-Universität ernannt. Ein Jahr später wurde er sogar noch Mitglied des Ständigen Komitees des Nationalen Volkskongresses und vier Monate vor seinem 100. Geburtstag Ehrenpräsident der Gesellschaft für Bevölkerungswissenschaft. Ma Yinchu ist dann am 10. Mai 1982, einen Monat vor der Vollendung des 101. Lebensjahres gestorben.

3. Ma Yinchu's Meinungsäußerung über Friedrich List

Im Mai 1922 hielt Ma Yinchu vor der Gesellschaft für Handelsforschung an der Chungkuo-Universität in Peking einen Vortrag mit der bemerkenswerten Fragestellung: „Welche Theorie ist für China angemessener, die marxistische oder die List'sche?"

Darin weist Ma Yinchu darauf hin, dass in China überall die marxistische Theorie propagiert werde, obwohl deren praktische Anwendung für China keine aktuelle Bedeutung habe. Das politische und sozioökonomische Hauptproblem Chinas seien nicht die Kapitalisten und die Arbeiterklasse, sondern die Warlords. Von einer Ausbeutung der Arbeiterklasse könne in China keine Rede sein, weil es so gut wie keine Arbeiter gäbe. In den großen Städten wie Shanghai, Haukon und Tianjin könne man die Zahl der Fabriken an den Fingern einer Hand abzählen; in anderen Gegenden des Landes, etwa in Gansu, Xinjiang und Shauxi gäbe es weder Fabriken noch Kapital.

Karl Marx habe vom Selbstmord des Kapitalismus gesprochen. Diese These könne höchstens für wohlhabende Industrienationen in Betracht kommen. In wirtschaftlich unterentwickelten Ländern, in denen es weder eine Arbeiterklasse noch Kapitalisten gäbe, stelle sich die Suizidthese überhaupt nicht.

Dennoch seien in China alle von der marxistischen Theorie begeistert. An deren Diskussion beteiligten sich aber nicht nur Wirtschaftswissenschaftler, sondern alle redeten mit, auch jene, die von der Wirtschaftstheorie keine Ahnung hätten. So würden auch Lehrer und Chemiker lang und breit über den Marxismus sprechen. Ma Yinchu fragte seine Zuhörer, ob dies nicht lächerlich sei und ob es in der Chemie etwa auch einen Marxismus gäbe? Solche inkompetenten Diskussionsbeiträge würden nicht nur nichts nützen, sie seien sogar schädlich, weil sie nur oberflächlich zur Problemlage der Wirtschaft Stellung beziehen und im Grunde gar nicht wüssten, worum es eigentlich gehe. Dies gelte ebenso für die zahlreichen Zeitungsaufsätze, in denen der Marxismus gepredigt werde.

Statt den lieben langen Tag über den Sozialismus zu diskutieren und zu schreiben, solle man sich lieber mit den drängenden Problemen der Gegenwart auseinandersetzen.

Ein seriöser Nationalökonom könne es sich nicht so einfach machen: er müsse alle sozioökonomischen Probleme im Zusammenhang sehen und dabei auch Währungs- und Finanzprobleme, die Probleme des internationalen Handels sowie die Leitung und Finanzierung eines Unternehmens und anderes mehr in Betracht ziehen. Deswegen sprach Ma Yinchu die Empfehlung aus, dass die Studenten der Volkswirtschaftslehre nicht nur *ein* Buch lesen sollten. Wenn man nur „Das Kapital" von Karl Marx studiere und keine weiteren Bücher heranziehe, werde man von diesem Buch wohl gefesselt sein. Wenn man diese Ideen aber in der Praxis umsetzen wolle, werde man ganz sicher auf große Schwierigkeiten stoßen. Um dieser Gefahr zu entgehen, bleibe nichts anderes übrig, als auch andere Literatur zur Nationalökonomie und Wirtschaftspolitik zu lesen und sich nicht sklavisch an ein einzigen Buches zu halten.

Ma Yinchu betonte, dass er sich nicht einseitig gegen Marx und für List aussprechen wolle, dafür kenne er List nicht gut genug. Mit seinem Vortrag wolle er aber die Studierenden in China darauf aufmerksam machen, dass es neben dem Marxismus auch noch die alternative Theorie von List gäbe, die er in Bezug auf die gegenwärtige Lage Chinas für außerordentlich nützlich und wirklichkeitsnah erachte.

In der aktuellen Diskussion in China sei es falsch, die Armen gegen die Reichen aufzuhetzen und die Ausbeutungspraxis z.B. in den USA auf China zu übertragen. In China würden sowohl die armen als auch die reichen Leute von den Warlords ausgebeutet, die als die eigentlichen Kapitalisten zu bezeichnen seien. Die chinesischen Warlords teilte Ma Yinchu in drei Gruppen ein:

1. die Staatsbeamten
2. die Händler, die durch den I. Weltkrieg zu Reichtum gekommen sind und
3. die Aktienspekulanten

Wegen der Unfähigkeit der Regierung und den schädlichen Einflüssen aus dem Ausland würden junge Unternehmen schon nach kurzer Zeit wieder zur Aufgabe gezwungen. Aus diesem Grund gäbe es in China keine Kapitalisten im Marx'schen Sinne und keine Arbeiterklasse. Deswegen sollte man auch nicht mit leeren Worten diskutieren und zum Studium der marxistischen Theorie wertvolle Zeit vergeuden.

Stattdessen sprach sich Ma Yinchu für die intensive Auseinandersetzung mit der List'schen Theorie aus, die er für China aus den folgenden Gründen für zweckdienlicher halte: Ebenso wie Deutschland, das zwischen 1800 und 1840 durch zahlreiche Zollschranken und uneinheitliche Zollbestimmungen in zahlreiche nationale Bruchstücke geteilt gewesen sei, sei dies immer noch in China der Fall. Mehr als 700 Zollschranken innerhalb und zwischen den einzelnen Provinzen lähmten den Binnenhandel in starkem Maße. Ein weiterer großer Nachteil sei, dass es keine Zollwertdifferenzierung gäbe, d.h. dass alle Waren, gleichgültig ob es sich um ein Luxusgut oder ein lebensnotweniges Gut handelt, mit einem einheitlichen Zollsatz belegt werden. Besonders ungerecht sei, dass für die Einfuhr von ausländischen Produkten nur einmal der normale Zollsatz zu bezahlen sei und die Waren dann überall in China verkauft werden können, während für die einheimischen Produkte an jeder Zollschranke erneut Zoll bezahlt werden müsse und zudem auch noch eine Landestransportsteuer in Form einer Maut erhoben werde. Deshalb sei der zollpolitische Misstand in China noch wesentlich schlimmer, als zu Zeiten Lists in den damaligen deutschen Territorialstaaten.

Ebenso wie Deutschland zur Entwicklung seiner Industrie ein Schutzzollsystem eingeführt habe, sei dies auch in China erforderlich, wobei es – wie Friedrich List dies lehre – nur als temporäre Maßnahme zu verstehen sei. Ebenso müsse in China die handelspolitische Zwietracht aufhören und für alle Gebiete eine einheitliche Handelspolitik entwickelt werden. Beides sei für China noch vordringlicher als im damaligen Deutschland, weil sich Deutschland damals nur gegen England behaupten musste, während China mit England, den USA, Japan und Deutschland gleich vier starken Industrienationen gegenüberstehe.

Aus diesen Gründen halte er es für erforderlich, sich unverzüglich mit Lists Ideen auseinanderzusetzen und auf ihre Anwendung auf China zu untersuchen. Er glaube, dass die List'sche Theorie für China besser geeignet wäre und, dass sich viele Wissenschaftler in China damit befassen sollten.

4. Die Übersetzung des „Nationalen Systems" ins Chinesische

Ma Yinchu konnte sich bei seiner List-Kenntnis nur auf die englische Übersetzung des „Nationalen System der Politischen Ökonomie" von Sampson S. Lloyd von 1885 stützen. Aber sein Ruf nach einer chinesischen Übersetzung ist nicht wirkungslos geblieben. Diese Aufgabe führte Wang Kai Hua durch, der von 1924 bis 1926 an der Universität Tübingen Nationalökonomie studiert hat. Er brachte 1925 die chinesische Übersetzung des „Nationalen Systems" heraus und wurde 1926 mit einer Arbeit über „Die Bedeutung der Listschen Lehre für China" von der wirtschaftswissenschaftlichen Fakultät der Universität Tübingen promoviert. Anschließend lehrte Wang Kai Hua an der Sun Yatsen Universität in Kanton und versuchte, soweit es die politischen Umstände zuließen, Lists Ideen in den Fachkreisen bekannt zu machen.

In seinem Vorwort zur chinesischen Übersetzung beklagt Wang Kai Hua, dass China noch schlimmer ausgebeutet werde, als die Kolonien einer europäischen Großmacht. Die Schifffahrt, die Verkehrsbetriebe, die Banken und das Zollwesen seien voll und ganz von fremden Mächten beherrscht, selbst die Delikte von Ausländern seien der chinesischen Gerichtsbarkeit entzogen. Wenn China reich und stark werden wolle, gäbe es keinen anderen Weg, als die eigene Industrie und den chinesischen Binnenhandel kräftig zu entwickeln. Dies bedeute aber, dass man ausländische Waren vom chinesischen Markt abschirmen und stattdessen die nationalen Produktivkräfte entwickeln müsse. Dazu sei ein protektionistisches Zollsystem, wie es List gelehrt habe, unumgänglich. Lists Theorie sei so überzeugend und für die Therapie der kranken chinesischen Wirtschaft ebenso geeignet, wie die Akupunktur für die chinesische Medizin.

Der damalige chinesische Botschafter in Deutschland, Wei Chenzu, pflichtete in einem anderen Vorwort den Forderungen von Wang Kai Hua bei. China werde von Importen überschwemmt und gerate immer stärker in die Abhängigkeit ausländischer Großmächte. Der dadurch genährte Groll und die zunehmende Aggression der Bevölkerung würden den politischen Untergang Chinas noch beschleunigen. Deswegen empfehle er eine umgehende Wende, zu der Friedrich Lists „Nationales System" als theoretische Basis gut geeignet sei.

Prof. Mei Junji von der Shanghaier Akademie der Wissenschaften machte mich darauf aufmerksam, dass im Jahre 1930 eine 126 Seiten umfassende von Liu Binglin verfasste Biographie über Friedrich List im Verlag China's Commercial Press erschienen ist und, dass Zhang Yushan 1940 ein Buch über die Geschichte der Wirtschaftstheorie im selben Verlag herausgebracht und dabei ein Kapitel Lists Wirtschaftstheorie gewidmet hat.

5. Die chinesische Wirtschaftspolitik unter Mao Zedong

Im Jahre 1993 hat der amerikanische Wirtschaftsprofessor Wolfgang Deckers einen Aufsatz mit dem Titel: „Self-reliance: Mao Zedong on the shoulder of Friedrich List" veröffentlicht. Dieser Beitrag wurde auch 1994 in der Zeitschrift „Journal of Contempory Asia" abgedruckt.

In diesem Aufsatz geht Deckers davon aus, dass China über das gesamte 20. Jahrhundert hinweg ein typisches Entwicklungsland war. Noch 1949 habe es zu den ärmsten Ländern der Welt gezählt. Für alle chinesischen Staatsmänner von Sun Yatsen über Chiang Kai-shek, Mao Zedong bis Deng Xiaoping sei die Rückständigkeit der chinesischen Wirtschaft und das Bewusstsein der ökonomischen und politischen Ohnmacht das zentrale Problem ihrer Politik gewesen, wobei allerdings jeder eine andere Strategie verfolgt habe.

Im Jahre 1949 habe Mao Zedong vor riesigen Problemen gestanden. Er musste neue politische und administrative Strukturen schaffen, die Infrastruktur aufbauen, den Analphabetismus bekämpfen und die minimale Leistungsfähigkeit im Agrar- und Industriesektor ankurbeln.

Aufgrund dieser Rückständigkeit wurde China immer stärker ins Abseits, d.h. an die Peripherie der sich abzeichnenden Globalisierung gerückt.

Mao Zedong habe eigentlich nur drei Optionen gehabt, wie er auf die weltwirtschaftlichen und weltpolitischen Herausforderungen reagieren konnte: entweder als Anhängsel an den Ostblock unter der Führung der Sowjetunion oder als Satellit des Westblocks unter der Dominanz der USA oder durch eine unabhängige, weitgehend autarke Politik durch das Mittel der Selbstregulierung. Dabei habe er sich an ein Wort des englischen Politikers Lord Palmerston gehalten: „Die Nationen haben weder dauerhafte Feinde, noch dauerhafte Verbündete, aber dauerhafte Interessen." Die wichtigsten dauerhaften Interessen Chinas seien die militärische Überlegenheit, die politische Unabhängigkeit, der Aufbau einer international konkurrenzfähigen Industrie und der Aufstieg Chinas zur führenden Welt- und Wirtschaftsmacht.

Zunächst habe sich Mao für die erste Option entschieden, aber dann erkannt, dass China unter der sowjetischen Führung seine Unabhängigkeit vollkommen verliere. Seit dem „großen Sprung nach vorne" im Jahre 1958 habe Mao einen Strategiewechsel vollzogen und sich für die Selbstregulierung entschieden. Ab dieser Zeit habe Mao Zedong, so Wolfgang Deckers, seine Wirtschaftspolitik auf den Schultern von Friedrich List aufgebaut.

Für Mao bedeutete die Selbstregulierung weit mehr als die autonome Steuerung der eigenen Zukunft, der Schutz vor ausländischen Mächten und die Entwicklung der nationalen Produktivkräfte. Dazu gehörte auch das Ziel, alle benötigten Güter soweit als möglich im eigenen Land herzustellen, wobei das Primat der eigenstaatlichen Entwicklung nicht nur auf der nationalen, sondern auch auf der regionalen und lokalen Ebene befolgt werden müsse.

Diese Entwicklungsstrategie entsprach der Theorie von Friedrich List. Damit sei es Mao Zedong gelungen, China einen Riesenschritt voranzubringen und dies sei eine Herkulesaufgabe gewesen. Dabei seinen die verfügbaren Mittel, insbesondere auch an ausländischem Kapital dürftig gewesen. Außerdem habe über alledem das Damoklesschwert des Kalten Krieges geherrscht.

Dennoch sei es der Volksrepublik China gelungen, zwischen 1957 und 1979 das Bruttosozialprodukt jährlich um ca. 5 % zu steigern. Mit Hilfe der List'schen Strategie sei es möglich gewesen, Vollbeschäftigung zu erreichen, die Hungersnot zu beseitigen und China an die Weltspitze der 10 führenden Industrienationen heranzuführen.

Aber in den letzten Jahren von Mao's Herrschaft sei auch klar geworden, dass China wieder einen Strategiewechsel vornehmen müsse. Wenn der Übergang vom extensiven zum intensiven Wirtschaftswachstum gelingen und die Volksrepublik China auf der Basis der komparativen Kostenvorteile mit dem Weltmarkt verflochten werden sollte, konnte dies unmöglich mit Hilfe des Sozialismus geschehen. Dennoch sei Mao nicht mehr in der Lage gewesen, das Ruder herum zu reißen. Bis zu seinem Tode habe er unbeirrt an seiner Strategie festgehalten

Aber seine politischen und wirtschaftlichen Erfolge hätten die Öffnungspolitik von Zhou Enlai und Deng Xiaoping erst möglich gemacht und dafür die Voraussetzung geschaffen, dass Deng einen kapitalistischen Kurs einschlagen konnte und dadurch sei auch der Druck auf die Demokratisierung gewachsen.

In einem Aufsatz von 1984 hat L. Huonglin dies so formuliert, indem er sich der List'schen Diktion bediente: Wenn wir am Protektionismus als Hauptstraße für die wirtschaftliche Entwicklung Chinas festhalten, werden wir uns wieder aus der Weltwirtschaft ausklinken.

Zusammenfassend kam Deckers zum Ergebnis, dass Mao Zedong Lists Theorie unbewusst übernommen und für die Volksrepublik eine vernünftige Entwicklungspolitik betrieben habe.

Wenn man aber an den ideologischen Einfluss des namhaftesten chinesischen Nationalökonomen im 20. Jahrhundert Ma Yinchu denkt, der auch unter Mao Zedong als einflussreicher Berater der chinesischen Regierung tätig war, könnte von diesem auch ein direkter Einfluss von Lists Ideen auf Maos Regime ausgegangen sein. Dafür spricht, dass sich Mao Zedong am 2. April 1956 in Wansu mit einigen wenigen Beratern über das Thema „Directives Regarding Supply and Marketing Cooperatives" abgesprochen hat. Diese Delegierten werden in dem entsprechenden Protokoll nur mit verschlüsselten Namen genannt. Darunter befindet sich auch der Name Ma XX. Es wird vermutet, dass es sich hierbei um Ma Yinchu handelt, der übrigens in den „Writings of Mao Zedong von 1949–1957" auch noch in einem späteren Text vom 1.3. 1957 genannt wird.

In ähnlicher Weise wie es Deckers getan hat, vertritt Mei Junji die Meinung, dass zwar nach der Machtübernahme durch die Kommunisten Lists Ideen genau so wenig gefragt waren, wie die von anderen prominenten marktwirtschaftlich orientierten Ökonomen. Dennoch wurde die chinesische Übersetzung von Lists „Nationalem System" 1961 nochmals neu aufgelegt. Die unter Mao Zedong maßgeblichen politischen Strategen hätten zwar von Lists Wirtschaftsdoktrin vermutlich keine Ahnung gehabt, aber unwissentlich den von List vorgezeichneten Entwicklungspfad eingeschlagen.

In der Ära nach Mao Zedong sei es mit Hilfe einer strengen politischen und auto-zentrierten Regierung gelungen, die Industrialisierung und Modernisierung Chinas gewaltig voranzutreiben und die chinesische Wirtschaft zu einer bemerkenswerten Größe und internationalen Wettbewerbsfähigkeit aufzubauen. Andererseits gäbe es aber auch Befürchtungen, dass China auf einen mittleren Wachstumspfad zurückfallen könnte, wenn es nicht gelinge, die sozialen Spannungen und die ökologischen Probleme zu beseitigen. In diesem Zusammenhang könnten Lists Ideen dazu beitragen, die „Flaschenhälse der künftigen Entwicklung" (Mei Jinji) aufzubrechen und zu beseitigen. Das Primat von Lists „Theorie der produktiven Kräfte" über die „Theorie der Werte", seine Forderung nach einer ausgeglichenen Entwicklung der Wirtschaftssektoren, seiner Warnung vor einer übermächtigen Regierung, um nur einige Aspekte zu nennen, seien für die künftige Wirtschaftspolitik Chinas von großer Bedeutung, um eine stetige und nachhaltige Aufwärtsentwicklung zu gewährleisten.

6. Der Beitritt Chinas zur WTO

Über einen sehr langen Zeitraum hat die chinesische Führung über den Beitritt Chinas zur WTO zäh verhandelt und sich lange gegen eine Mitgliedschaft gewehrt. Als Beispiel sei ein Buch von Han Dequiang von 2000 mit dem Titel: „Kollision: Die Globalisierungsfalle und Chinas richtige Wahl" erwähnt, in dem sich der Autor auf Friedrich List beruft und China vor einem Beitritt zur WTO warnt. Er sprach sich gegen die Marktromantik von Adam Smith aus und machte auf Lists Theorie aufmerksam, die sich gegen die statische Betrachtung von Smith und Ricardo richte und stattdessen die dynamische Entwicklung des Wohlstandes einer Nation als Zielvorstellung ins Auge fasse.

Das Buch von Han enthält einen Aufruf an die chinesische Wirtschaftspolitik, Lists Theorie in praktische Politik umzusetzen. Wenn man die Geschichte der industriellen Revolutionen in den letzten 200 Jahren betrachte, könne man feststellen, dass sich die Zeiten, in denen mehr Protektionismus oder mehr Freihandel geherrscht habe, abgewechselt hätten. In Krisenzeiten und in den Zeiten schwerer Depression hätten die USA, Deutschland, Frankreich und andere Industrienationen immer wieder protektionistische Maßnahmen ergriffen. Zur Zeit erlebe die Welt eine neue Flutwelle des Protektionismus. Deshalb sollte China nicht so naiv sein, an den ewigen Freihandel zu glauben.

Trotz dieser Mahnung ist China nach einem über 15jährigen Verhandlungsmarathon im November 2011 der WTO beigetreten.

7. Aktuelle Bedeutung von Friedrich List in China

In einem Artikel der FAZ vom 2. Januar 2011 hat der amerikanische Professor und Berater der amerikanischen Regierung Tony Corn auf die besondere Wirtschaftspartnerschaft zwischen Deutschland und China hingewiesen und dabei die These

aufgestellt: Nicht der Schotte Adam Smith sei heute der populärste Wirtschaftstheoretiker in der Volksrepublik China, sondern Friedrich List. Diese These
wurde auf dem 5. Weltkongress für China-Studien im März 2013 voll bestätigt.

In diesem Zusammenhang ist auch zu erwähnen, dass das chinesische Staats-
fernsehen CCTV vor wenigen Jahren ein siebenköpfiges Aufnahmeteam damit
beauftragt hat, einen fünfteiligen Film über den Aufstieg Deutschlands zur Wirtschaftsmacht herzustellen. Der zweite Teil ist Friedrich List und Otto v. Bismarck
gewidmet. List steht dabei für die wirtschaftliche und Bismarck für die politische
Einigung Deutschlands.

Dabei hatte ich die Ehre, an dieser Sequenz mitzuwirken. Eine chinesische Dol-
metscherin berichtete mir bei einem Schüleraustausch zwischen chinesischen
Schülern und dem Friedrich-List-/Johannes-Kepler-Gymnasium in Reutlingen,
dass sie diesen Film schon „1000 mal" gesehen habe. Offenbar wird er in China
überall gezeigt, um die Chinesen für das deutsche Vorbild zu motivieren.

IX. Kapitel
Warum sollte sich die Hochschule Reutlingen den Namen „Friedrich List" zulegen?

1. Die historischen Verdienste von Friedrich List

Friedrich List ist einer der drei großen Wirtschaftstheoretiker, welche die Grundlagen für ein eigenes Wirtschaftssystem gelegt haben. Während Adam Smith den Liberalismus (Privatkapitalismus und Freihandel) und Karl Marx den Sozialismus (Staatskapitalismus und Zentralverwaltungswirtschaft) verkörpern, ist Friedrich List als der Vordenker der Sozialen Marktwirtschaft (Entwicklungspolitik und temporärer Protektionismus) zu betrachten. Sein ökonomisches Hauptwerk „Das nationale System der politischen Ökonomie" ist neben dem Buch „Das Kapital" von Karl Marx der wichtigste deutsche Beitrag in der Reihe der internationalen Klassiker der Politischen Ökonomie im 19. Jahrhundert.

Nach John Carter und Percy H. Muir zählt Lists Hauptwerk zu den 500 herausragenden Büchern, die in der 500jährigen Geistesgeschichte des Buchdruckes „die Welt bewegt haben."

Das Buch habe bei seiner Veröffentlichung großes Aufsehen erregt. „Siebzig Jahre benutzten es die Verfechter von Schutzzöllen in Deutschland, Großbritannien und den Vereinigten Staaten als ihr Evangelium." Das Werk wurde in über 15 Sprachen (teilweise in mehreren Ausgaben und Auflagen) übersetzt und hat in allen europäischen Ländern sowie in vielen Ländern in den anderen Kontinenten Rezeptionsspuren hinterlassen.

Im Oktober 1998 brachte die weit verbreitete amerikanische Zeitschrift „The Nation" einen Aufsatz von Michael Lind mit dem Titel: „Marx, Smith or List?" Darin erinnerte Lind an die aktuelle Bedeutung der Ideen von Friedrich List, die in der Wirtschaftswissenschaft der Gegenwart jedoch leider weitgehend vergessen seien.

Wenn im 19. Jahrhundert die wirtschaftspolitische Debatte und Kontoverse zwischen den Anhängern von Smith, List und Marx vorgeherrscht habe, sei das 20. Jahrhundert durch die Debatte zwischen Smithianern und Marxisten bestimmt gewesen. Das 21. Jahrhundert werde die Debatte zwischen Smithianern und Listianern erleben; d.h. zwischen jenen die glauben, dass die Globalisierung automatisch auch der nationalen und regionalen Wirtschaftsentwicklung zu Gute komme und jenen, die das bestreiten und die Meinung vertreten, dass gerade in der Globalisierung eine nationale und regionale Wirtschaftspolitik unverzichtbar sei.

In diesem Zusammenhang ist es nicht verwunderlich, dass Friedrich List nach Aussage des amerikanischen Wirtschaftsprofessors Tony Corn derzeit der populärste Wirtschaftstheoretiker in China ist. Diese These wurde auf dem 5. Weltkongress für China-Studien vom 22.-23.3.2013 vollauf bestätigt.

Welches sind nun die wichtigsten historischen Verdienste von Friedrich List? Diese lassen sich in folgende vier Bereiche zusammenfassen: Lists Verdienste als Politiker, als Nationalökonom, als Unternehmer und Eisenbahnpionier und als Journalist.

Lists Verdienste als Politiker

– Verfassungsrechtliche Stellungnahmen zur ersten Landesverfassung im Königreich Württemberg
– Stellungnahmen zur Reformierung der Verwaltungspraxis und zum Abbau der Bürokratie
– Befragung von Auswanderern in Heilbronn, Neckarsulm und Weinsberg als erste demoskopische Untersuchung in der Welt
– Bittschrift an die Bundesversammlung zur Aufhebung der innerdeutschen Zollschranken
– Initiator und Konsulent des Allgemeinen deutschen Handels- und Gewerbsverein, der ersten Interessenvertretung deutscher Kaufleute nach der mittelalterlichen Hanse
– Mitglied von Delegationen des Handels- und Gewerbsverein an den bayerischen Hof und nach Wien
– Wirtschaftpolitische Vorschläge zur Förderung der Industrialisierung, z.B. zur Gründung einer Ausfuhrkompagnie
– Beratung beim ersten Handelsvertrag zwischen Preußen und dem jungen Königreich Belgien
– Bemühungen um eine ökonomisch-politischen Allianz zwischen England und Deutschland

Lists Verdienste als Nationalökonom

– Initiative zur Gründung der Staatswirtschaftlichen Fakultät an der Universität Tübingen
– Professor der Staatswirtschaft
– Geistiger Urheber des Staatslexikons
– Verfasser von vier ökonomischen Werken:
  Outlines of American Political Economy
  Die sog. erste Pariser Preisschrift: Le Système Naturel d'Économie Politique – Das Natürliche System der Politischen Ökonomie
  Die sog. zweite Pariser Preisschrift: Le monde marche – Die Welt bewegt sich
  Das Nationale System der Politischen Ökonomie
– Vordenker der Sozialen Marktwirtschaft
– Differenzierung zwischen der Volks- und Betriebswirtschaftslehre
– Formulierung der theoretischen Grundlagen zur Entwicklung der nationalen Produktivkräfte
– Der Nestor der Entwicklungspolitik und der Verkehrswirtschaft

Lists Verdienste als Unternehmer und Eisenbahnpionier

- Beteiligung an einem Vitriolwerk bei Heilbronn und einem Versuchsstollen zum Abbau von Kohle bei Backnang
- Entdeckung eines großen Anthrazitkohlevorkommens in Pennsylvania
- Bau einer der ersten Eisenbahnstrecken in den USA
- Plan eines deutschen Eisenbahnnetzes
- Projektierung der ersten deutschen Ferneisenbahn Leipzig-Dresden
- Beratung beim Thüringischen Eisenbahnbau
- Agitation für den Bau weiterer deutscher Eisenbahnlinien, u.a. der rechtsrheinischen Eisenbahn Mannheim-Basel
- Bemühungen um die Entwicklung des französischen und ungarischen Transportsystems

Lists Verdienste als Journalist

- Unermüdlicher Journalist und Publizist
- Redakteur, Herausgeber und Mitherausgeber von etwa 10 Zeitungen und Zeitschriften in Deutschland, der Schweiz und in den USA
- Weitgefächertes journalistisches Spektrum
- Verfasser von etwa 700 literarischen Beiträgen

Angesichts dieser historischen Verdienste ist es nicht verwunderlich, dass in vielen Städten und Gemeinden der Bundesrepublik ungefähr 120 Straßen und Plätze nach Friedrich List benannt sind. Außerdem tragen ungefähr 30 Schulen seinen Namen. In Berlin heißt der Spreebogen am Reichstagsgebäude „List-Ufer" und in Dresden führte die ehemalige Hochschule für Verkehrswesen in der DDR bis zu ihrer Auflösung den Beinamen „Friedrich List".

2. Systemische Leitmotive von Lists Gedankengebäude

Die fünf wichtigsten Leitmotive

Wenn man das Gedankengebäude von List ganzheitlich betrachtet, auf einen kurzen Nenner bringen will, bieten sich dafür folgende fünf Leitmotive an:
- Et la patrie, et l'humanité – Vaterland und Menschlichkeit
- Durch Wohlstand zur Freiheit
- Le monde marche – Die Welt bewegt sich
- Die Politik der Zukunft
- Die Vereinigung des europäischen Kontinents

Das erste Leitmotiv entspricht dem Motto, das List seinen beiden Hauptwerken, der ersten Pariser Preisschrift und dem Nationalen System der Politischen

Ökonomie voranstellte. Das zweite Leitmotiv ist von Lewin Schücking, dem Freund der Dichterin Annette von Droste-Hülshoff und späterem List-Freund in Augsburg überliefert. Beim dritten Leitmotiv handelt es sich um den Titel der zweiten Pariser Preisschrift. Das vierte Leitmotiv war von List als Titel für den zweiten Band seines „Nationalen Systems" gedacht und das fünfte Leitmotiv erschließt sich aus den Gründzügen seiner ökonomischen Schriften.

Während der erste Wahlspruch das statische Element in Lists Wirtschaftstheorie verkörpert, beschreiben die vier anderen Prinzipien die dynamischen Ansätze seines Gedankegebäudes. Die ersten drei Motive sind mehr oder weniger Zeit bezogen; d.h. auf Lists zeitgeschichtliche Bezüge bzw. die nahe Zukunft ausgerichtet, während vor allem das vierte und fünfte Motiv visionärer Natur sind und Ideen implizieren, die bis in unsere Gegenwart, ja sogar weit darüber hinaus reichen und von zeitloser Bedeutung und Gültigkeit sind.

(1.) Et la patrie, et l'humanité

Die größtmögliche Vereinigung sei die der gesamten Menschheit unter einem allgemein gültigen Rechtssystem. Mit diesem Bekenntnis folgte List den Philosophen der Aufklärung und dem Wirtschaftsliberalismus englischer Prägung. Die Natur der Dinge, die Fortschritte in der Wissenschaft, der Erfindungsreichtum der Industrie, die Verbesserung der Transport- und Kommunikationsmittel durch die Dampfkraft, die Eisenbahn und die Telegraphie sowie die sich dadurch abzeichnenden globalen politischen und sozialen Wandlungen sprächen dafür, dass die Vereinigung aller Nationen erstrebenswert sei. Dieser Gedanke entspricht wohl dem des Völkerbundes oder der UNO.

List war aber weit davon entfernt, an die Realisierungsmöglichkeit dieses Ideals zu seiner Zeit zu glauben; für ihn stellte der Zusammenschluss einer Nation in einem Staat die damals höchstmögliche Vereinigung von Individuen dar.

Naturgemäß waren seine Visionen und damit sein Begriff der Nation und des Vaterlandes in erster Linie auf die ökonomische und politische Einheit Deutschlands bezogen. Gleichzeitig bewegten ihn aber auch globale Visionen. „Nur alsdann werden die Völker der Erde den höchsten Grad an physischem Wohlstand erreichen, wenn sie allgemeinen, freien, und unbeschränkten Handelsverkehr miteinander vereinbaren". Dabei hielt er schon damals eine kontinuierliche Annäherung der Nationen für wünschenswert. Um diesen Prozess zu begünstigen, regte er in der Einleitung seines „Nationalen Systems" folgende Maßnahmen an: Die Vermeidung von Kriegen und nationalegoistischen Maßnahmen, die Schaffung eines internationalen Rechtszustandes, den Ausbau des Völkerrechts zum Staatenbundrecht, allmählich sich verringernde Zollsätze sowie die Förderung des internationalen Handels durch die Verbesserung der Transport- und Kommunikationsmittel.

Diese grundsätzliche Liberalisierung schließe aber nicht aus, dass die wirtschaftlich und technisch rückständigen Staaten einen temporären Protektionismus einführen müssten, um mit den führenden Industrienationen international konkurrenzfähig zu werden. In diesem Zusammenhang warnte List eindringlich vor Kriegen, die nur unendliches Leid bringen und deswegen alles getan werden müsse, um Kriege unmöglich zu machen.

Das erste Leitmotiv enthält aber neben der nationalen auch gleichrangig eine humanitäre oder soziale Dimension. List sah in der Industrialisierung die unerlässliche Voraussetzung für die Humanisierung der Arbeitbedingungen. Die Industrialisierung dürfen den Menschen aber nicht zum Sklaven der Technik machen, sondern müsse dazu beitragen, ihm ein menschenwürdiges Leben zu ermöglichen. Dazu gehöre auch die Forderung, dass jeder arbeitsfähige Mensch aus volkswirtschaftlicher wie auch aus persönlicher Sicht die Möglichkeit haben sollte, in seinem Heimatland Arbeit zu finden, denn die nachteiligste Ausfuhr sei die der Menschen. Arbeitsbedingungen, bei denen die Arbeiter wie Sklaven behandelt und ausgebeutet werden, verurteilte er als „Entwürdigung", „Ausbeutung" oder „Brutalisierung" der Arbeiter.

Außerdem sprach er sich gegen übermenschlich anstrengende Frauen- und Kinderarbeit aus. Um den Fabrikanten das Argument zu entziehen, sich auf diese Weise gegen die Vorteile der Konkurrenz schützen zu müssen, sei es geboten, dass sich die zivilisierten Länder auf ein allgemeines Abkommen bezüglich der Kinderarbeit in den Fabriken einigen. Ein solches internationales Abkommen wäre für List „einer der größten Triumphe, den die Menschheit feiert." List trat auch für die anständige Entlohnung der Arbeiter ein; darunter verstand er ein Lohnniveau, das über dem Existenzminimum liege und den Arbeiter in die Lage versetze, für Krankheiten und das Alter Rücklagen zu bilden und sich und seiner Familie ein menschenwürdiges Leben und den Kindern eine qualifizierte Ausbildung zu ermöglichen.

Besonders kühn erscheint seine Idee, die Arbeiter als Aktionäre an den großen Aktiengesellschaften zu beteiligen, um ihnen dadurch einen gewissen Grad von Unabhängigkeit zu sichern.

(2.) Durch Wohlstand zur Freiheit

Dieses Leitmotiv erinnert unwillkürlich an Ludwig Erhards Credo: „Wohlstand für Alle!" Aber Lists Parole ist sogar perspektivischer formuliert, weil er nicht den materiellen Wohlstand als Endziel, sondern als Mittel zum Zweck betrachtet, die den Menschen zur freien Entfaltung seiner Persönlichkeit und Talente sowie zur individuellen Lebensgestaltung befähigen sollte.

In diesem Zusammenhang hat List auch immer wieder auf die Bedeutung des Unternehmungsgeistes und der Eigeninitiative hingewiesen, die nur in einem demokratischen System mit der Achtung der Menschenrechte durch den Staat und die Justiz voll zur Entfaltung kommen könnten.

Angesichts dieser und vieler weiterer Facetten von Lists Gedankengebäude, darf man ihn zu recht als den Vordenker der Sozialen Marktwirtschaft bezeichnen.

(3.) Le monde marche, die Welt bewegt sich

Friedrich List entwickelte seine verkehrspolitischen Ideen aus der „Raum- und Zeitökonomie", die er in seiner „Politik der Zukunft" zu einem visionären Entwicklungskonzept verknüpfte. Je mehr der menschliche Geist die Möglichkeit habe, mit anderen Menschen zu kommunizieren, um so mehr beschleunige sich der Fortschritt der Menschen, weil jedes Individuum damit mehr Möglichkeiten erhalte, sich selbst zu bilden und am allgemeinen Fortschritt teilzuhaben bzw. zu diesem beizutragen. Je mehr der Mensch in der Lage sei, seine Talente zu wechselseitigem Kontakt und gemeinsamer Aktion miteinander zu verbinden, um so größer seien die Fortschritte in allen Bereichen des Wissens und der Fertigkeit.

Die durch die Dampfschifffahrt und die Eisenbahn sowie durch Dampf betriebene Maschinen in Gang gekommene industrielle Revolution werde durch die Telegraphie noch verstärkt. List erkannte dabei nicht nur die vielfältigen Auswirkungen der Eisenbahn auf alle Bereiche der Wirtschaft, Politik und Kultur, sondern hob auch deren soziale Bedeutung hervor, die dem ganzen Volk zugute komme und zur Verringerung des sozialen Elends beitrage.

Seine weitsichtigen Ideen leiten zur „Politik der Zukunft" über. Darunter verstand List die mutmaßlichen geopolitischen Veränderungen aber auch den Einsatz von politischen sowie volks- und betriebswirtschaftlichen Szenarien für die Entscheidungsfindung von Politikern, Ökonomen und Unternehmern.

(4.) Die Politik der Zukunft

List wagte die Prophezeiung, dass eine neue Wissenschaft entsteht: „Die Wissenschaft der Zukunft", die zumindest ebenso wichtig sei, wie die „Wissenschaft der Vergangenheit", also die Geschichte. Welches sind nun die wichtigsten geopolitischen Entwicklungen, die List aus seiner Politik der Zukunft ableitete?

Zu den am weitesten entwickelten Nationalstaaten seiner Zeit rechnete er England, Frankreich und die USA, mit gewissen Einschränkungen auch das politisch noch nicht geeinte Deutschland, Russland und Spanien. Alle anderen Länder und Nationen lägen in ihrer Entwicklung nicht nur weit zurück, sie seien auch von äußeren Umständen abhängig und trügen die Garantie ihrer Entwicklung und Existenz nicht in sich selbst. Als die drei wichtigsten Schubkräfte der weltpolitischen und weltwirtschaftlichen Entwicklung betrachtete er dabei das Bevölkerungswachstum, die Vermehrung des Kapitals und die Förderung der produktiven Kräfte.

Für die Vereinigten Staaten sagte er ein kräftiges Bevölkerungswachstum voraus. Mitte des 20. Jahrhunderts werde die Bevölkerung in den USA eher bei 300 als bei 180 Millionen liegen, - eine nahezu perfekte Voraussage. Dabei machte er seine Prognose zu einer Zeit, als die USA lediglich aus den östlichen

Bundesstaaten bestanden und eine Bevölkerung von 18 Mio. hatte. Die Aufnahmekapazität Nordamerikas bezifferte er auf 400 bis 500 Millionen Menschen. Die USA würden ihr Territorium bis zur Pazifikküste und Mexiko ausdehnen. In Bezug auf Mexiko prophezeite er, dass sich die USA dem armen Land kräftig annehmen und es in Form eines Protektorates unter ihre Kuratel nehmen werden. Die Vereinigten Staaten, so sagte er voraus, werden die neu erstehende Riesenmacht des Westens.

England werde durch die Entwicklung dieses politischen und wirtschaftlichen Giganten angespornt, im gleichen Verhältnis mitzuziehen. Die hierzu erforderlichen Mittel werde es hauptsächlich aus der Festigung und Ausdehnung seiner Kolonialmacht ziehen. Je mehr seine Kolonien und Besitzungen in Asien, Afrika und Australien an Bevölkerung, Zivilisation und Wohlstand zunähmen, desto größer werde die Einfuhr an Lebensmitteln und Rohstoffen, desto größer sein Absatz an Fertigfabrikaten, desto bedeutender seine Bevölkerung, sein Reichtum, seine Finanzkraft, seine Schifffahrt und folglich seine See- und Landmacht. Man könne damit rechnen, dass sich England bis China eine „Weltgasse" bahnen und die „Häuser" rechts und links davon seiner Herrschaft einverleiben werde. Kein Mensch könne vorhersagen, wann dieses Ziel erreicht sei. „Aber das darf man keck sagen: das Menschenkind ist bereits geboren, das alles dies ausgeführt sehen wird." England werde überall in der Welt „Stapelplätze für seinen Handel" anlegen. Außerdem werde es versuchen, diesen Ländern seine Kultur und Sprache der an Unterwürfigkeit und Arbeit gewöhnten Bevölkerung aufzuzwingen. Lediglich bei den Arabern rechne er hierbei mit größeren Schwierigkeiten.

List prophezeite aber auch, dass das englische Weltreich nicht von Dauer sein werde. Er hielt es für sicher, dass Australien, Neuseeland und die Kolonien an der Küste des südlichen und östlichen Afrika eine politische Bedeutung erlangen und nach dem Beispiel der Vereinigten Staaten ihre Unabhängigkeit erhalten werden. Gleichzeitig werde im Osten „eine neue Welt, eine zweite Riesenmacht" entstehen, „die an Volkszahl die Riesenmacht der Neuen Welt im Laufe der nächsten Jahrhunderte weit übersteigen und an Reichtum ihr wenigstens gleichkommen werde". Damit war China gemeint. In der zweiten Hälfte des 20. Jahrhunderts werde es – soweit er das mit seinen schwachen Augen zu sehen vermöge – nur zwei Riesenmächte und nur drei oder vier unabhängige Nationen geben – also eine „Pentarchie!"

Russland zählte List nur bedingt zur ersten Klasse der führenden Industrienationen, „weil seine Existenz als eine der ersten Weltmächte zur Zeit noch nicht garantiert" sei. Sein innerer Zusammenhalt, seine Kultur-, Verfassungs-, Gesetzes- und Verwaltungszustände beruhten auf einer Vielzahl rückständiger Nationen, die durch die russische Militärmacht in Schach gehalten werden. Er bezweifelte, dass es der russischen Politik gelingen werde, das schwierige Nationalitätenproblem zu lösen. Anderseits sah List aber auch die Gefahr, dass dieser Koloss damit fortfahren werde, ein Ganzes zu bilden und in dem Maße erstarke, wie ihm dies der unaufhaltsame Fortschritt der Menschheit erlaube und auch versuchen werde, die Länder Mittel- und Westeuropas unter seine Kontrolle zu bringen. Diese Unterjochung werde aber nicht eintreten, wenn sich diese Staaten wirtschaftlich und politisch zusammenschließen würden. Hierbei komme Frankreich aufgrund seiner Zivilisation, seiner Kultur und seines technologischen Entwicklungsstandes eine Vorreiterrolle zu.

(5.) Die Vereinigung des europäischen Kontinents

Bereits 1820 hatte List die Vision, dass Europa dereinst den Stiftungstag eines neuen Handelssystems feiern werde. Europa werde einen Handelskongress erleben, durch den die Fesseln, die man sich künstlich angelegt habe, wieder allmählich gelöst werden. Deshalb forderte er, dass sich Deutschland nach seiner politischen Einigung das Panier der allgemeinen europäischen Handelsfreiheit aufstecken sollte. Gleichzeitig forderte er alle Nationen Europas auf, sich über ein europäisches Handelssystem zu einigen, in dem allen Staaten die gleichen Vorteile gewährt werden sollten. In einem derart geeinten und liberalisierten Wirtschaftssystem werde Deutschland die große kommerzielle Verbindungsstraße zwischen dem östlichen und westlichen und zwischen dem nördlichen und südlichen Europa bilden und unter dem Schirm des äußeren und inneren Friedens seinen Wohlstand aufbauen.

Als junger Publizist hat Theodor Heuss 1915 ein kleines Bändchen mit dem Titel „Schwaben und der deutsche Geist" verfasst. Darin zählt er neben Friedrich Schiller, Friedrich Hegel und Paul Pfizer auch Friedrich List zu den großen Männern, „in denen sich repräsentativ der schwäbische Geist in der Bildung des deutschen Kultur- und Staatsgefühls" ausgewirkt habe. Heuss würdigte List u.a. für die „ungeheure Sicherheit seines Weitblicks", und er, der Vielgewanderte und Vielwissende sei Weltbürger in dem Sinne, dass er dort dem Fortschritt gedient habe, wo ihn eben sein Schicksal hinwarf. Während man in der Heimat nur Ablehnung für ihn empfunden habe, ehre man ihn im Ausland; denn List sei „der Vater des weltwirtschaftlichen Denkens."

Neben der wirtschaftlichen Integration schwebte List auch bereits eine politische Integration in Europa vor; allerdings konnte er sich diese nur bei Ländern vorstellen, die man heute mit dem Begriff „Kerneuropa" zu bezeichnen pflegt.

Aus heutiger Sicht erscheint es unmöglich, Lists Weitsicht in gebührender Weise zu würdigen, weil die faktische Entwicklung weitgehend den von ihm vorgedachten Bahnen entsprochen hat. Die meisten seiner Ideen mögen deshalb als selbstverständlich erscheinen. Dies gäbe allerdings einen völlig falschen Eindruck. Im Grunde genommen müsste man die gesamte leidvolle Geschichte Europas und der Welt in den letzten 150 Jahren, angefangen bei den beiden verheerenden Weltkriegen bis zum Irakkrieg und dem unheilvollen Einsatz in Afghanistan Revue passieren lassen, um dem genialen und vielverkannten Mann gerecht zu werden.

3. Das Studienspektrum der Hochschule Reutlingen und die wesentlichen Grundpfeiler von Lehre und Forschung

(1.) Das Studienspektrum

Das Studienspektrum der Hochschule Reutlingen stützt sich auf die beiden Bereiche Technik und Wirtschaft. Sowohl in den Bachelor-, als auch in den Masterstudiengängen sind beide Bereiche auch integrativ mit dem jeweiligen Schwerpunkt vertreten.

Dieses Studienangebot, das über einen Zeitraum von über 150 Jahren gewachsen ist, deckt sich voll und ganz mit den fachlichen Interessengebieten von Friedrich List, wobei natürlich in seinem Fokus der wirtschaftliche Aspekt überwiegt.

List-Büste von Prof. Daniel Stocker von 1905 im Gebäude der ESB-Business School der Hochschule Reutlingen.

List hat nicht nur die Gründung der Staatswirtschaftlichen Fakultät an der Universität Tübingen mitinitiiert, die damit zur ältesten wirtschaftswissenschaftlichen Fakultät in Deutschland wurde. Er hat dadurch auch dazu beigetragen, dass sich das wissenschaftliche Spektrum der „Universits Litterum" von den vier klassischen Disziplinen Theologie, Philosophie, Medizin und Rechtswissenschaft um die Politische Ökonomie oder Volkswirtschaftslehre erweitere. Außerdem ist es ihm gelungen, die Nationalökonomie als Wissenschaft populär zu machen und von ihrem Ruf als „mystische Priesterlehre" wie auch von ihrer scholastischen Schwülstigkeit zu befreien. Durch seinen lebendigen und anschaulichen Schreibstil gelang es ihm sowohl durch sein Hauptwerk, als auch durch seine vielen journalistischen Beiträge diese Wissenschaft zur „Sache des Volkes" zu machen.

Außerdem hat er, als der Begriff der Betriebswirtschaftslehre noch längst nicht geläufig war, die unterschiedlichen Erkenntnisobjekte zwischen der Privatökonomie und der Nationalökonomie herausgearbeitet und im Gegensatz zu Adam Smith erkannt, dass zwischen beiden Zielkonflikte bestehen können. Das, was die Betriebswirtschaftslehre anstrebe, müsse nicht zwangsläufig auch dem Interesse der Volkswirtschaftslehre entsprechen und umgekehrt.

Aufgrund meiner Bemühungen um die List-Forschung kann ich sagen, dass List sowohl ein abgerundetes, in sich schlüssiges betriebswirtschaftliches wie auch ein entsprechendes volkswirtschaftliche Gedankengebäude entwickelt hat.

Friedrich List hat sich nicht nur als Wirtschaftstheoretiker und –politiker einen Namen gemacht; er war auch gleichzeitig Techniker und hatte technische Visionen, die man heute mit dem Begriff Science Fiction bezeichnen könnte, die aber alle im Laufe der Zeit technische Wirklichkeit geworden sind.

In seiner Eigenschaft als Techniker war er beispielsweise an einem Vitriolwerk in Oedendorf bei Schwäbisch Hall und an einem Versuchsstollen zum Abbau eines vermeintlichen Kohlevorkommens bei Spiegelberg im Oberamt Backnang beteiligt. Außerdem hatte er sich intensiv mit den neuen Transport- und Kommunikationsmitteln Dampfschiff, Eisenbahn und Telegraphie beschäftigt und spontan deren revolutionäre Bedeutung erkannt. Mit seinen diesbezüglichen literarischen Arbeiten ist er dadurch zum Begründer der Transaktionskostenökonomie und zum Nestor der Verkehrswirtschaft geworden.

List hat sich aber auch hierbei nicht nur als Theoretiker, sondern auch als Praktiker historische Verdienste erworben, indem er während seines amerikanischen Exils eine der ersten Eisenbahnkonzessionen in der Welt zum Bau der Little-Schuylkill-Eisenbahn bekam. Diese 22 Meilen lange Strecke, die unter unvorstellbaren technischen Schwierigkeiten 17 mal einen reißenden Gebirgsbach überqueren musste, wurde 1831 fertig gestellt, knapp 4 Jahre vor der ersten deutschen Eisenbahnlinie, der nur 6 km langen Ludwigsbahn von Nürnberg nach Fürth, die auf ebenem Terrain verlegt wurde. Außerdem hat List in ganz erheblichem Maße dazu beigetragen, dass die erste deutsche Ferneisenbahn Leipzig-Dresden projektiert und schließlich auch gebaut wurde.

Darüber hinaus hat er dem preußischen König Friedrich Wilhelm IV. 1846 eine Denkschrift zugeleitet, in der er vorgeschlagen hat, der König möge den von einem Belgier erfundenen Schnellschützen zur technologischen Modernisierung des Handwebstuhls für die schlesischen Weber nutzbar machen. Er habe sich vom Nutzen dieser Erfindung in London überzeugt und riet deswegen dem König, dass er das entsprechende Patent für die Not leidenden Weber erwerben solle. Ebenso schlug er dem König vor, man solle in Preußen die dort großflächig angebaute Kartoffel nicht zu Viehfutter und Schnaps, sondern zu Stärke verarbeiten und könne dadurch für das rohstoffarme Land ein wichtiges Exportgut gewinnen, von dem er sich eine vielfältige technische Verwendung und deshalb eine starke Nachfrage verspreche. Allerdings ist der König auf keinen der beiden Vorschläge näher eingegangen.

Man kann also sagen, dass Friedrich Lists Betätigungsfeld sowohl das traditionelle, als auch das aktuelle und sicher auch das zukünftige Studienspektrum der Hochschule Reutlingen in ganz hervorragender Weise abdeckt.

(2.) Die Verbindung von Theorie und Praxis

Bei seinen wissenschaftlich-literarischen Bemühungen war List bestrebt, die Theorie und Praxis miteinander in Einklang zu bringen. Er bemängelte, dass die Theoretiker und die Praktiker wie Fett und Wasser von einander getrennt seien. Die Praktiker wollten nichts von der Theorie und die Theoretiker nichts von der

Praxis wissen. Die deutsche Nationalökonomie ähnle einem Wagen, an dem der Praktiker vorwärts und der Theoretiker rückwärts ziehe.

Die Theoretiker würden sich die Welt in idealistischer Weise und die Menschen als rein rational Wesen vorstellen, die von den edelsten Motiven gleitet werden, aber in der Wirtschaftswissenschaft sei es eben nicht möglich, „wie mit den Fröschen unter der Luftpumpe nationalökonomische Experimente" anzustellen. Andererseits kritisierte er auch die Praktiker, die engstirnig auf ihren Ansichten beharrten und von der Theorie nichts wissen wollten. Deshalb solle die Theorie dazu beitragen, dem ökonomischen Weitblick und dem gesunden Menschenverstand zum Durchbruch zu verhelfen. Dies werde umso leichter möglich sein, je stärker die Theorie anwendungsorientiert, also realitätsbezogen sei. Die Poesie der Theorie müsse mit der Prosa der Praxis in Einklang gebracht werden.

(3.) Universität versus Hochschule

Während seines kurzen Wirkens am Lehrverein in Aarau machte List auf eine Gefahr aufmerksam, welche Studenten an der Universität ausgesetzt sein könnten. Wer selbst mit angesehen habe, wie häufig die ersten Universitätsjahre vergeudet werden, der müsse sich eine Hochschule wünschen, an der die Studenten an Arbeitsamkeit und Fleiß gewöhnt werden.

Einen anderen Misstand sah er darin, dass die Lehrinhalte der Vorlesungen an der Universität nicht selten durch „Altersschwäche" gekennzeichnet seien und der „Herr Professor nichts vom Drange der Zeit fühle, wenn er sein vergilbtes Heft zum hundertsten Mal vorbete. Die ererbte Weisheit werde stets aufs Neue auf die alte Weise hergeleiert und man scheine gar keine Ahnung zu haben von den Dingen, die außerhalb des Hörsaales vorgehen. Es gehöre zu den wichtigsten Erfordernissen einer anwendungsorientierten Lehre, dass die Theorie der Praxis voranleuchten müsse. Dies ist zweifellos ein klares Plädoyer für Angewandte Hochschulen und Friedrich List würde sicher die Hochschule Reutlingen als leuchtendes Vorbild betrachten wie dies in den zahlreichen Rankings der letzten Jahre immer wieder bestätigt wird.

(4.) Internationalität

Aus der Völker verbindenden Wirkung der neuen Transport- und Kommunikationsmittel, insbesondere der Eisenbahn und der Telegraphie leitete List auch zwingende Fortschritte für die Wissenschaft ab.

Dadurch werde es möglich, Bücher und Zeitungen rasch an jeden erdenklichen Ort zu befördern und zu verbreiten. Das Studium und die Kenntnis der wichtigsten Sprachen Europas werde für jeden gebildeten Menschen unumgänglich.

List selbst hat neben seiner Muttersprache auch Englisch fließend und Französisch sehr gut beherrscht und in allen drei Sprachen seine literarischen Texte abgefasst.

Außerdem erwartete er, dass die jährlichen Kongresse von Wissenschaftlern aus dem In- und Ausland besucht werden können und, dass Wissenschaftler in allen Teilen der Welt neue Kennt-

Hochschule Reutlingen

Reutlingen University

nisse und Erkenntnisse sich aneignen und erwerben und zum Wohle ihres Landes nutzbar machen können. Aus diesen Reisemöglichkeiten ergäbe sich nicht nur eine gegenseitige Befruchtung, sondern auch eine nutzbringende Konkurrenz.

Die Internationalität ist gerade für die Hochschule Reutlingen zu einem Markenzeichen geworden. Sie wurde im Jahre 2010 vom DAAD als die Hochschule mit dem größten prozentualen Anteil an ausländischen Studierenden ausgezeichnet.

4. Schlussbemerkung

Aus den Ausführungen geht zweifelsfrei hervor, dass die Hochschule Reutlingen stolz darauf sein könnte, wenn sie ihrem Namen den von „Friedrich List" hinzufügen würde. Der aktuelle Zeitpunkt, der 225. Geburtstag von Friedrich List, könnte nicht günstiger gewählt sein.

Anstelle einer Zusammenfassung sei ein Zitat von Theodor Heuss zum 100. Todestag von Friedrich List am 30.11.1946 angeführt, der zu dem Ergebnis kommt: „List ist eine Durchgangserscheinung in seiner eigenen Zeit, die er deutet und zugleich der Künder und Gesandte der Zukunft für seine Gegenwart gewesen. So geht er durch die Zeit, es ist als ob in den Lavendelduft des Biedermeier sein Wesen wie ein unbekümmert frischer Wind von der Rauen Alb hineinbraust."

Teilansicht vom Campus der Hochschule Reutlingen.

X. Kapitel
Weshalb man Friedrich List als Vordenker der „Sozialen Marktwirtschaft" bezeichnen darf

1. Historische Wurzeln der Sozialen Marktwirtschaft

Der Begriff „Soziale Marktwirtschaft" ist mit dem wirtschaftlichen Wiederaufbau der westdeutschen Wirtschaft nach der verheerenden Zerstörung durch den II. Weltkrieg untrennbar verbunden. Sie bezeichnet das Wirtschaftssystem, welches das sog. Wirtschaftswunder hervorgebracht hat. Als geistige Wegbereiter dieses Erfolgsmodells werden vor allem Ludwig Erhard, Alfred Müller-Armack, Walter Eucken, Franz Böhm, Wilhelm Röpke und Alexander Rüstow genannt, deren ideologisches Konzept bisher nahezu ausschließlich einem neoliberalen, auf dem Keynesianismus und der Wohlfahrtsökonomik im ersten Drittel des 20. Jahrhunderts basierenden Fundament zugeschrieben und damit letztlich auf Adam Smith zurückgeführt wird. Dabei spielt der Ordoliberalismus der Freiburger Schule als Katalysator eine wesentliche Rolle.

Diese ideengeschichtliche Herleitung erscheint eindimensional, wie es die folgende Abbildung verdeutlicht.

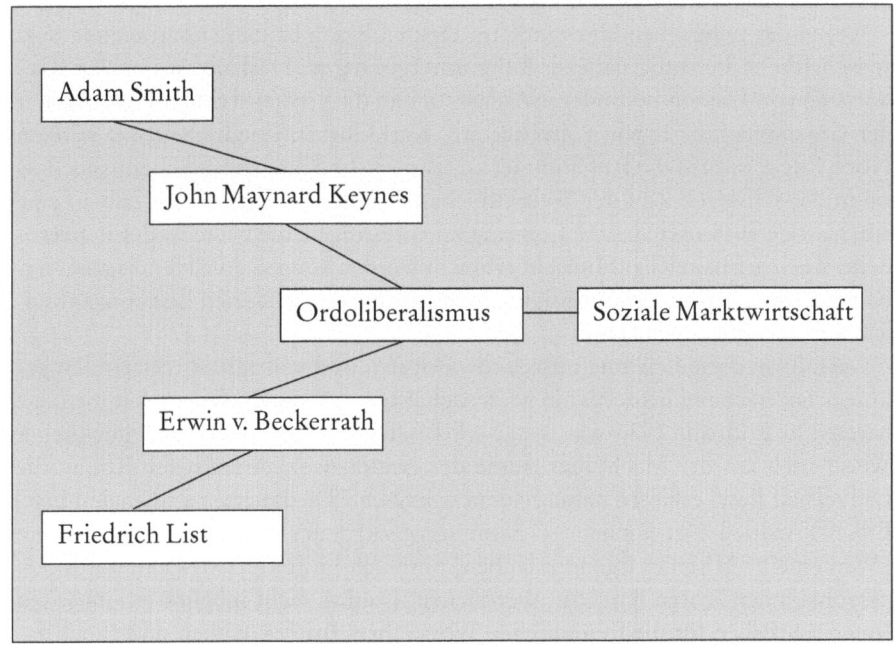

Das Schienenmodell zu den geistigen Wurzeln der Sozialen Marktwirtschaft.

Im Gegensatz dazu verstehen wir das geistige Fundament und die Wurzeln der Sozialen Marktwirtschaft als Schienenmodell. Vor über 30 Jahren habe ich bereits die These formuliert, dass Friedrich List als eigenständiger Vordenker der Sozialen Marktwirtschaft zu betrachten sei. Diese These wurde bis jetzt von keinem Wirtschaftswissenschaftler in Zweifel gezogen. In seiner Eigenschaft als damaliges Vorstandsmitglied der List Gesellschaft und Dekan der Wirtschaftswissenschaftlichen Fakultät der Universität Tübingen hat Joachim Starbatty im Jahre 1989 die Teilnehmer des Symposiums anlässlich des 200. Geburtstages von Friedrich List begrüßt und seine Begrüßungsrede mit den Worten geschlossen: „Ich möchte schließen mit einem bemerkenswerten Urteil von E. Wendler, Professor an der Reutlinger Fachhochschule, der sich um List und sein Werk verdient gemacht hat. Wendler sieht in Friedrich List den geistigen Vordenker und Vorkämpfer der Sozialen Marktwirtschaft; List habe vorausgedacht, was der Politiker Erhard schließlich umgesetzt habe. Ich glaube, eine schönere Würdigung des Wirkens von Friedrich List könnte dieser selbst sich nicht wünschen."

In meinem Schienenmodell ist mit Erwin v. Beckerrath ein namhafter Wirtschaftswissenschaftler eingebaut, der zwar zu den führenden Ordoliberalen gezählt wird, der aber von 1927 bis 1935 als Mitherausgeber der 10 (bzw. 12bändigen) Ausgabe von Lists Werken und Vorstandsmitglied der damaligen Friedrich-List-Gesellschaft, ganz entscheidend dazu beigetragen hat, dass die Gesamtausgabe überhaupt erscheinen konnte und dadurch erst die Voraussetzung für ein breiteres Quellenstudium von Lists Ideen geschaffen wurde.

Wegen der politischen Umstände im Dritten Reich ist diese überragende wissenschaftliche Leistung nahezu völlig untergegangen. Deshalb ist der 225. Geburtstag von List ein besonderer Anlass, um an die verdienstvollen Herausgeber der Gesamtausgabe Erwin v. Beckerrath, Karl Goeser, Friedrich Lenz, William Notz, Edgar Salin und Artur Sommer zu erinnern und ihnen zu bescheinigen, dass sie in der schweren Zeit der Weltwirtschaftskrise es fertig gebracht haben, eine einzigartige wissenschaftliche Leistung zu vollbringen, die heute weder in personeller noch in finanzieller Hinsicht erbracht werden könnte. Alle Herausgeber haben sich für eine postume Würdigung und Ehrung von Friedrich List zum aktuellen Anlass verdient gemacht.

Dass ihnen diese Leistung unter schwierigsten und widrigsten Umständen gelungen ist, erscheint heute als ein wissenschaftliches Wunder. Wie prekär die Lage bereits im Frühjahr 1933 war, zeigt ein Brief von Edgar Salin, der glücklicher Weise noch vor der Machtübernahme der Nationalsozialisten einen Ruf an die Universität Basel erhalten hatte. In dem vom 24.5.1933 datierten und an den List-Enkel Friedrich List Pacher v. Theinburg gerichteten Schreiben beklagt Salin: „Wenn meine Mittel es irgend erlauben, führe ich im Juni nach Wien, um Ihnen persönlich den achten Band zu überreichen. Da dies nicht möglich ist, muss ich Ihnen schriftlich für die freundlichen Worte Ihres Briefes danken und Ihnen sagen, wie viel Sie uns allen in den Jahren dieser Arbeit bedeutet haben. Es war nicht immer leicht, durchzuhalten; es gab für uns Alle Augenblicke der Ermüdung, und es hat dann stets der Gedanke an Sie dazu geholfen nach kurzer Rast beschleunigt die Arbeit zu Ende zu führen."

2. Der Begriff „Soziale Marktwirtschaft"

Bis jetzt ist es nur unzureichend gelungen, den Begriff „Soziale Marktwirtschaft" zu definieren. Eine genaue Begriffsbestimmung scheitert schon an dem schwammigen Begriff „sozial", unter dem jeder etwas anderes versteht. Was für den einen „sozial" ist, kann für einen anderen „unsozial" sein. Die Formulierung von Müller-Armack, wonach die soziale Marktwirtschaft versuche, „das Prinzip der Freiheit auf dem Markt mit dem des sozialen Ausgleichs zu verbinden", ist zwar richtig, aber auch nicht sehr aufschlussreich.

Aus dem berühmten Buch von Ludwig Erhard „Wohlstand für Alle" ist dazu lediglich folgendes zu entnehmen: „Wenn sich somit als roter Faden durch jahrelange Bemühungen der Wunsch nach einer Steigerung des allgemeinen Wohlstands und als einzig möglicher Weg zu diesem Ziel der konsequente Ausbau der Wettbewerbswirtschaft zieht, dann schließt diese Wirtschaftspolitik auch die Erweiterung des Katalogs der traditionellen menschlichen Grundfreiheiten ein. Hierbei ist zuvorderst an die Freiheit jedes Staatsbürgers gedacht, das zu konsumieren, sein Leben so zu gestalten, wie dies im Rahmen der finanziellen Verfügbarkeiten den persönlichen Wünschen des einzelnen entspricht. Dieses demokratische Grundrecht der Konsumfreiheit muss seine logische Ergänzung in der Freiheit des Unternehmers finden, das zu produzieren oder zu vertreiben, was er aus den Gegebenheiten des Marktes, d.h. aus den Äußerungen der Bedürfnisse aller Individuen als notwendig und Erfolg versprechend erachtet. Demokratie und freie Wirtschaft gehören logisch ebenso zusammen, wie Diktatur und Staatswirtschaft."

Lists Leitmotiv „Durch Wohlstand zur Freiheit" ist gegenüber der Parole von Ludwig Erhard sogar noch perspektivischer und aus heutiger Sicht hellsichtiger formuliert, weil sie den materiellen Wohlstand nicht als Endziel der ökonomischen Betätigung, sondern als Mittel zum Zweck begreift, um dem Individuum ein „menschenwürdiges Dasein" zu ermöglichen.

Mein verehrter Doktorvater, Prof. Dr. Alfred E. Ott, hat das Adjektiv „sozial" wie folgt interpretiert: „Solidarität, Hilfe und Unterstützung für alle diejenigen Menschen, die nicht, noch nicht oder nicht mehr in der Lage sind, am Leistungswettbewerb teilzunehmen; das sind die Behinderten und Kranken, die Jungen und die Alten." Dazu könne man auch die Arbeitslosen zählen, die nicht am Leistungswettbewerb teilnehmen und somit auf die Fürsorge des Staates angewiesen sind.

„Formal bedeutet diese Fassung des Begriffs ‚sozial', dass die Wirtschaftsordnung durch eine Sozialordnung ergänzt werden muss, in der die Grundsätze für diese Solidarität, Hilfe und Unterstützung verbindlich niedergelegt werden. Dabei kommt dem aus der katholischen Soziallehre stammenden Subsidiaritätsprinzip eine wichtige Rolle zu: was der einzelne aus eigener Kraft leisten kann, das soll ihm nicht entzogen und der Gemeinschaft übertragen werden. Vielmehr soll die Gemeinschaft erst dann helfend eingreifen, wenn der einzelne an seine Grenzen stößt, und zwar sollen dann zuerst die Familie und die sog. Primärgruppen, dann die Sekundärgruppen, wie z.B. die Gemeinde und erst als letzter der Staat tätig werden."

Dabei machte Ott darauf aufmerksam, dass es unmöglich ist, den Begriff und die Theorie der Sozialen Marktwirtschaft als „fertiges Lehrstück" zu definieren. Die Idee der Sozialen Marktwirtschaft müsse den Entwicklungen in Wirtschaft und Gesellschaft angepasst und somit immer wieder neu durchdacht und fortgeschrieben werden.

3. Die wichtigsten Merkmale der Sozialen Marktwirtschaft und deren theoretische Entsprechung bei Friedrich List

In der Sozialen Marktwirtschaft steht das Primat des Marktes und des Wettbewerbs als Leistungsanreiz im Mittelpunkt. Wilhelm Röpke bringt dies auf folgende Formel: „Wer sich nicht nach dem Markt richtet, wird vom Markt bestraft!" Gleichzeitig wird der Marktmechanismus durch die jeweils gültige Rechts- und Sozialordnung des Staates, die sich auf die Grund- und Menschenrechte stützt, in seine Schranken verwiesen.

Dieses Wesensmerkmal entspricht auch der Wirtschaftstheorie von Friedrich List. Den Beziehungszusammenhang zwischen den Rechten und Pflichten des Staates und denen seiner Bürger beschreibt er in seiner Kritik am Verfassungsentwurf für das Königreich Württemberg wie folgt: Der Bürger habe das Recht, im Staat so viel zu gelten und sich zu entfalten, ohne den Gesamtzweck, d.h. das Gemeinwohl zu verletzen und die Pflicht, so viel von seiner natürlichen Freiheit und seinen individuellen Kräften zu opfern, wie dies das Gemeinwohl erfordert. Der Staat wiederum habe das Recht, die Einzelkraft des Individuums insoweit zu beschränken oder zu konzentrieren, wie dies für das Gemeinwohl erforderlich sei und die Pflicht, den einzelnen nicht nur frei wirken zu lassen, sondern auch denselben durch die Gesamtkraft so zu unterstützen, dass er in der freien Entfaltung seiner Persönlichkeit nicht behindert werde.

Folgerichtig vertrat List auch den Standpunkt, dass der Staat bei der wirtschaftlichen Entwicklung eine wichtige wirtschaftspolitische Steuerungsfunktion habe. „Jede Industrie im Staate, die der Staat selbst nicht lenkt, ist der Beginn des Untergangs dieses Staates selbst." Diese These darf aber nicht als Wirtschaftsdirigismus oder gar als Planwirtschaft verstanden werden; sie stellt vielmehr eine bemerkenswerte Artikulation zur Schaffung einer frühindustriellen sozialen Marktwirtschaft (E. Wendler) dar.

Wiederholt hat List auf die Bedeutung des Unternehmungsgeistes für das wirtschaftliche Wachstum eines Landes hingewiesen, der sich nur bei einem freien Bürgertum entfalten könne. Der Fleiß und die Sparsamkeit, der Erfindungs- und Unternehmungsgeist könnten nur dort bedeutendes zustande bringen, wo die bürgerliche Freiheit, die öffentlichen Institutionen und Gesetze, die Staatsverwaltung und die Außenpolitik, vor allem aber die Einheit und die Macht der Nation die erforderliche Unterstützung böten.

Wie fleißig, sparsam, erfinderisch und intelligent die Staatsbürger auch sein mögen, der Mangel an freien, d.h. demokratischen und rechtsstaatlichen Institutionen lasse sich dadurch nicht ersetzen. „Unternehmungsgeist und Ausdauer können nur in der Luft der Freiheit gedeihen."

Um die Freiheit des Individuums zu gewährleisten und zu schützen, sprach sich List für eine demokratische Staatsverfassung, nach Möglichkeit in der Regierungsform einer konföderierten Republik, für die Respektierung der Menschenrechte, insbesondere der Pressefreiheit sowie für ein unabhängiges Rechtssystem aus. Auch andere freiheitliche Kriterien, wie die Freizügigkeit von Arbeitskräften mit Hilfe der neunen Transportmittel, der Schutz vor Monopolen und Machtmissbrauch, die Reisefreiheit, die Gewerbe- und Niederlassungsfreiheit und der Ausbau der Infrastruktur, insbesondere des Bildungswesens sind wichtige Eckpunkte sowohl im System der Sozialen Marktwirtschaft als auch im Meinungsbild von Friedrich List.

Sein Leitmotiv „Et la patrie, et l'humanité", das er seinen beiden ökonomischen Hauptwerken, dem „Nationalen System" und dem „Natürlichen System" voranstellte, enthält neben dem nationalen Prinzip auch eine gleichrangige soziale Komponente. Dazu zählt Lists Forderung, dass jeder arbeitsfähige Mensch aufgrund seiner individuellen Anlagen und Neigungen, die Möglichkeit haben sollte, in seinem Heimatland einen Arbeitsplatz zu finden, denn die nachteiligste Ausfuhr sei die von Menschen.

Außerdem sprach er sich für die Humanisierung der Arbeitsbedingungen aus; er verurteilte übermäßige Frauen- und Kinderarbeit, plädierte für eine gerechte Entlohnung der Arbeiter, die über dem Existenzminimum liegen müsse und erkannte, dass die neuen Kommunikationsmittel vor allem den unterprivilegierten Bevölkerungsschichten zugute komme; man könne Anstalten für Kranke, Geisteskranke, Taubstumme und Blinde gründen; solche Einrichtungen würden ebenfalls vom schnellen, bequemen und preisgünstigen Transport profitieren. Für Kranke werde die Eisenbahn von großem Nutzen sein. Der Reichtum sei nicht mehr die unerlässliche Voraussetzung, um die Möglichkeit zu besitzen, seine Gesundheit wiederzuerlangen, sei es, um in ein milderes Klima zu reisen, um ein Heilbad aufzusuchen oder einen entfernten Arzt zu konsultieren. Die Fürsorge für Arme, Gebrechliche und Kranke sei eine Hauptverpflichtung des Staates. Dies gelte auch Arbeiter, die infolge der neuen Techniken ihrer angestammten Arbeit beraubt werden.

4. Das „Magische Sechseck" der Sozialen Marktwirtschaft

Spätestens seit dem Stabilitäts- und Wachstumsgesetz von 1967 herrscht in den Fachkreisen weitgehende Einigkeit über die wichtigsten Zielinhalte der staatlichen Wirtschafts- und Finanzpolitik in der Sozialen Marktwirtschaft. Diese werden unter dem Begriff „Magisches Sechseck" zusammengefasst; es sind dies: Angemessenes, d.h. stetiges Wirtschaftswachstum, Vollbeschäftigung, Stabiles Preisniveau, Außenwirtschaftliches Gleichgewicht, Schutz der natürlichen Umwelt und gerechte Einkommens- und Vermögensverteilung.

Lediglich bei den nominalen Zielniveaus bzw. Zielkorridoren gibt es Meinungsverschiedenheiten und politischen Streit und natürlich auch beim Einsatz der jeweiligen Instrumente, die im Rahmen der Wirtschaftspolitik zur Zielerreichung eingesetzt werden sollen.

In diesem Zusammenhang ist bemerkenswert, dass Friedrich List bereits den Begriff „Instrument" verwendet, aber eher die Bezeichnung „Instrumentalkräfte" bevorzugt hat. Obwohl er diesen begrifflichen Vorzug nicht begründete, erscheint folgende Erklärung denkbar. Im technischen Sinne verfügt jedes Instrument über bestimmte fest umrissene Funktionen, die dem jeweiligen Verwendungszweck angepasst sind bzw. deren Nutzeffekt durch Berechnungen, praktische Versuche oder eingebaute Funktionen mehr oder weniger präzise bestimmt ist; man denke hier nur an einen Schalter oder ein Messgerät. Im Bereich der Ökonomie, sei es die Unternehmenspolitik oder die Wirtschaftspolitik, gibt es beim Einsatz der Instrumente keine derart eindeutige Ziel-Mittel-Relation. Die zur Zielerreichung einsetzbaren Instrumente stellen in der Regel ein Konglomerat von mehreren Instrumenten mit unterschiedlichen Variationsmöglichkeiten dar, die erst durch ihre konkrete Anwendung zu zielgerichteten Maßnahmen werden und deren Erfolg erst ex-post beurteilt werden kann. Insofern verfügen diese Instrumente über ein Potenzial, also über eine „Instrumentalkraft", die im Hinblick auf die Erreichung des Zielinhaltes etwas bewirken können. Diese Überlegungen mögen List dazu veranlasst haben, von Instrumentalkräften zu sprechen.

Was die Zielinhalte des Magischen Sechsecks angeht, so können diese mit Ausnahme der Preisstabilität bei Friedrich List zumindest ansatzweise nachgewiesen werden. Anstelle von stetigem Wachstum spricht er von der Wohlstandsmehrung, anstelle von Vollbeschäftigung von der Notwenigkeit, dass jeder Arbeiter in seinem Land Arbeit finden sollte, denn die nachteiligste Ausfuhr sei die von Menschen, das Ziel des Außenwirtschaftliches Gleichgewichts berücksichtigt er in seiner „Lehre von der Handelsbilanz", die von Adam Smith und seiner Schule „verpönt" worden sei. Er wolle keineswegs die „Lehre von der Handelsbilanz, wie sie unter dem sog. Manufaktursystem bestand, aufwärmen". Für ihn war die Handelsbilanz und deren „Gleichgewicht" ein wichtiges Glied in seiner Theorie vom internationalen Handel und der Handelspolitik. Auch der sorgfältige Umgang mit der Natur und die „gerechte Einkommens- und Vermögensverteilung" sind, wie schon an anderer Stelle erwähnt, sowie in seiner Devise „Durch Wohlstand zur Freiheit" vom Ansatz her angedacht.

Insofern kann man feststellen, dass die Grundidee des Magischen Sechsecks der Sozialen Marktwirtschaft bei List eindeutig nachzuweisen ist.

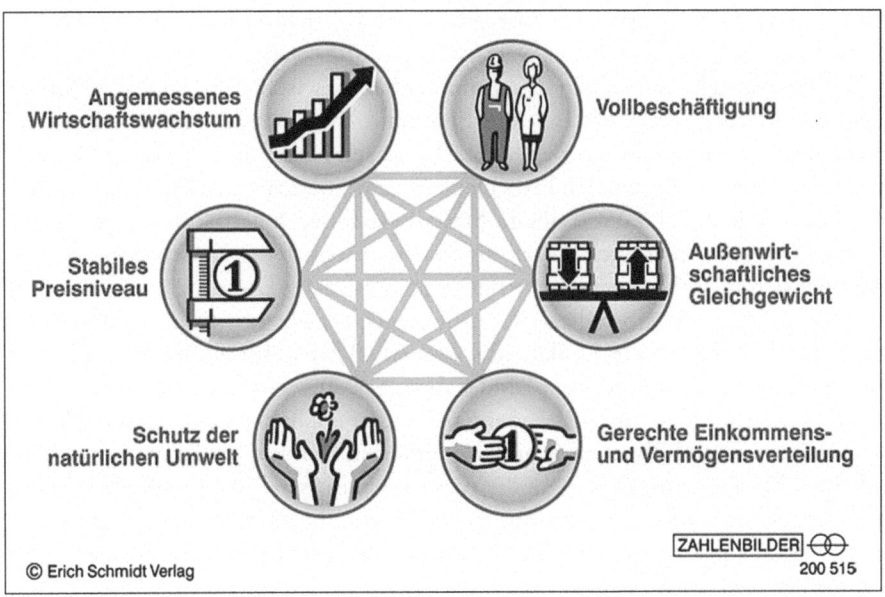

Das „Magische Sechseck". Ziele der Wirtschafts- und Finanzpolitik.

5. Das Infant-Industry-Argument als notwendiges Steuerungsinstrument der Sozialen Marktwirtschaft

In Lists marktwirtschaftlichem Konzept hat, wie allgemein bekannt, das Erziehungsschutzargument als Rechtfertigung von protektionistischen Maßnahmen einen wichtigen Platz, wobei die Schutzfunktion des Staates natürlich heute sehr viel weiter gefasst ist und sich keineswegs auf die Zollpolitik beschränkt. Der Umweltschutz, der Verbraucherschutz, der Schutz des materiellen und geistigen Eigentums, der Datenschutz, der Schutz vor bürokratischer Willkür, um nur einige politische Schutzgebiete des Staates zu nennen, sind heute zu einem zentralen Bestandteil der lokalen, regionalen, nationalen und supranationalen Politik geworden. Da die vornehmste Pflicht eines Staates darin besteht, seine Bürger gegen Angriffe von innen und außen zu schützen, erscheint der Meinungsstreit zwischen Liberalismus und Protektionismus als Scheingefecht, denn faktisch geht es heutzutage nur noch um die politische Auseinandersetzung über die Notwendigkeit und rechtliche Ausgestaltung von geeigneten Schutzmaßnahmen.

6. Jüngere empirische Befunde zum Erfolgsmodell der Sozialen Marktwirtschaft

In einem aktuellen Beitrag des List Forums von 2013 hat Verena Mertins jüngere empirische Untersuchungen zur Sozialen Marktwirtschat zusammengefasst. Sie zeigen, dass die von Friedrich List schon vor 180 Jahren formulierten Thesen durch empirische Studien in der Gegenwart bestätigt werden.

Der theoretisch einleuchtende Zusammenhang zwischen Freiheit und Wohlstand könne am Beispiel des Index of Economic Freedom der Heritage Foundation empirisch überprüft werden. Dieser Index setzt sich aus folgenden Indikatoren zusammen, die alle auch in Lists Denken zumindest rudimentär angelegt sind: Geschäftsfreiheit, Handelsfreiheit, Steuerbelastung, Staatseinfluss, Monetäre Freiheit, Investitionsfreiheit, Eigentumsrechte, Ausmaß der Korruption und Arbeitsmarktfreiheit. Der empirische Befund bestätigt die These, wonach ein Land, je freier es ist, ein desto höheres Bruttoinlandsprodukt pro Kopf, gemessen an Kaufkraft bereinigten US-Dollar, aufweist. Als Beispiel für ein freies Land wird Singapur, für überwiegend freie Länder die USA, Deutschland und Großbritannien, für überwiegend unfreie Länder Russland und China und als Beispiel für ein unterdrücktes Land Myanmar, vor der politischen Öffnung, genannt.

Verena Mertins zitiert u.a. auch die Aristoteles-Lipset-Hypothese, „die besagt, dass die ökonomische Entwicklung eines Landes die Demokratisierung vorantreibt." Man sollte hier besser sagen, dass sich in diesem Fall der politische Wille des Volkes nach mehr Demokratie artikuliert und sich unter Umständen durch Unruhen, Revolten und Revolutionen Bahn bricht. Aktuelle Beispiele sind die nordafrikanischen Länder von Marokko bis Ägypten, die Türkei und China.

Umgekehrt kann die Einführung eines demokratischen Systems, wie eine Studie von Papajoannou und Sionrounis (2008) zeige, die Volkswirtschaft eines Landes auf einen höheren Wachstumspfad bringen; wie dies beim jüngstes Beispiel von Myanmar der Fall zu sein scheint.

Auch Heckelmann (2000) und Sunde (2006) kommen zu dem Schluss, dass Freiheit das Wirtschaftswachstum beflügelt, also Freiheit ein möglicher Wachstumstreiber darstellt. Andere Untersuchungen, wie die Messung mit Hilfe des Gini-Koeffizienten bestätigen, dass Länder mit einer relativ ausgeglichenen Einkommensverteilung höhere Wachstumsraten aufweisen, während Länder mit einem großen Einkommensgefälle in der wirtschaftlichen Entwicklung nachhinken.

Im zweiten Teil ihrer Analyse gibt die Autorin marktwirtschaftliche Handlungsempfehlungen für die Bereiche Finanz-, Steuer-, Arbeitsmarkt-, Sozial-, Industrie- und Energiepolitik, die zeigen, dass das Modell der Sozialen Marktwirtschaft fortwährend weiterentwickelt werden muss, um den aktuellen und zukünftigen Herausforderungen im nationalen und internationalen Rahmen, nicht zuletzt unter dem Aspekt der Globalisierung, Rechnung zu tragen.

7. Fazit

Zum Schluss sollen vier deutsche Bundespräsidenten mit einem kurzen Zitat zu Wort kommen; sie unterstreichen alle die aktuelle und zeitlose Bedeutung von Friedrich Lists wirtschaftstheoretischem und -politischem Denken eindrucksvoll.

Der erste Präsident der Bundesrepublik Deutschland, Theodor Heuss, hebt hervor: „Vorab aber bleibt die Begegnung mit diesem Werk für jeden eine Lebenskraft, der sich von der, an jeder List'schen Stelle packenden Spontaneität einer Aussage und Ansage packen lassen will. Es hat schier immer was ‚Sensationelles', ihm zu begegnen! Aber das Großartige an ihm, und das ist ja schließlich das, was nun als Erbe begriffen werden will, das Großartige: die ewige Wachheit für das Werdende will den Willen wecken, ihm in freier Einsicht zu begegnen. Wird Lists Name wieder als Symbol gesetzt, dann liegt in diesem Beispiel die entscheidende Rechtfertigung."

Der spätere Nachfolger im Präsidentenamt Karl Carstens meinte, dass in Theodor Heuss stets etwas von dem lebendig war, „was mit den Namen Schiller, Hölderlin, Hegel, Mörike, Hauff und Uhland, aber auch mit dem Nationalökonomen Friedrich List umschrieben ist."

Der ehemalige Bundespräsident Richard von Weizsäcker bescheinigte mir in einem persönlichen Schreiben vom 19.6.1989: „List's großer und bleibender Beitrag als Vordenker der europäischen Integration verdient es gerade heute, einer breiten Öffentlichkeit ins Gedächtnis gerufen zu werden"; und Altbundespräsident Horst Köhler bemerkte ebenfalls in einem persönlichen Brief an mich vom 17.9.2013: „Nach wie vor meine ich, dass die Aktualität des ‚Ökonomen mit Weitblick', wie Sie es sagen, für sich spricht."

Quellenverzeichnis

I. Kapitel

Wendler, E.: Friedrich List (1789–1846) – Ein Ökonom mit Weitblick und sozialer Verant-
wortung, Wiesbaden 2013.
List, F: Schriften/Reden/Briefe; W. II, Berlin 1931, S. 244 f.
The Register of Pennsylvania von 1830, S. 312 f.; diesen Hinweis verdanke ich Herrn Kilian
Spiethoff.

II. Kapitel

Wendler, E. (Hrsg.): „Das Band der ewigen Liebe" – Clara Schumanns Briefwechsel mit
Emilie und Elise List, Stuttgart 1996, S. 452–500.
v. Schweizerbarth-Roth, E. M.: Erinnerungen einer alten Stuttgarterin, Stuttgart 1925,
S. 221–229.

III. Kapitel

Schön, T: Die Staatsgefangenen von Hohenasperg, 1. Aufl 1899, S. 52–65.
Tröger, E.: Angaben zu Dr. Friedrich Wilhelm Schä(e)uffelen, Stadtarchiv Öhringen vom
27.9.2013.
Hubert, P.: Franz Gräter (1797–1861) – Literat und Revolutionär; hrsg. im Auftrag des
Hällisch-Fränkischen Museums, Begleitheft zur Ausstellung, Schwäbisch Hall 1998.
Schäfer, V: Neue Funde zu Friedrich List, in: Reutlinger Geschichtsblätter, Jg. 1991, NF.
Nr 30; Teil III: Ein Brief von Samuel Liesching an List.
Dinkel, T.: Mitteilung zu Heinrich August Kübel vom 20.8.2013 durch R. Schorer.
Eberl, J.: Mitteilung über Elias Gottlob Friedrich Härlin vom 16.8.2013.

IV. Kapitel

List, F. Über Eisenbahnen und das deutsche Eisenbahnsystem, in: Das Pfennig-Magazin
vom 7.3.1835, S. 73–79.
Ders.: W. I, S. 58, 70 f., 73 und 76; W. III, S. 688, 740, 746, 796 und 801 f.; W. VIII, S. 415,
488f., 491, 498, 539, 550 f., 553 f., 910 und 914.

V. Kapitel

Wendler, E.: Friedrich List (1789–1846) – Ein Ökonom mit Weitblick und sozialer Verant-
wortung; a.a.O., S. 237–239.
Ders.: Politische Wirkungsgeschichte des Vordenkers der europäischen Integration,
München 1989, S. 183–221.

VI. Kapitel

List, F.: Flugmaschinen; W. II, S. 288.

Ders.: Telegraphie; W. V, S. 61 f.; W. VII, S. 280 und 252; W. VIII, S. 45 und 490.

Ders.: Die Welt bewegt sich; Göttingen 1983, S. 155-157.

Ders.: Der elektrische Telegraph; in: Zollvereinsblatt (ZVB) 1843, S. 543; 1845,
  S. 454; 1846, S. 432 und 495 f.

Ders.: Luftschifffahrt; in: Eisenbahnjournal (EJ) 1835, S. 225 f.

Ders.: Das englische Luftdampfboot und der fliegende Schneider von Ulm
  und die Priorität des Fliegens; in: ZVB 1843, .

Ders.: Charles Payne's Erfindung Fleisch zu präservieren; in: ZVB vom 1.1.1846.

Ders.: Erfindung der Copiermaschine; in: EJ Nr. 29, S. 142.

Ders.: Luftpost; in: EJ Nr. 10 von 1836.

Ders.: Heilmittel gegen Krebs; in: EJ Nr. 18 von 1836.

Ders.: Flugmaschinen zu Land und über See; in: Readinger Adler vom 24.6.1828; W. II,
  S. 288.

Ders.: Church's Chausseedampfwagen; in: National-Magazin (NM), Nr. 6, S. 41 f sowie
  vom 8.1.1834, S. 6 f.

Ders.: Die Fernsprechmaschine; in: NM vom 22.1.1834, S. 31.

Ders.: Neue Art, junge Gänschen, Entchen und Hühnchen auszubrüten, nebst einigen
  staatswirtschaftlichen Vorschlägen betreffs der Geflügelproduktion; in: Europäische
  Blätter, Erstes Quartal 1824, S. 241-243.

Ders.: Ein Luft-Dampfboot; in: NM vom 5.11.1835, S. 329 f.

Ders.: Ein nordamerikanisches Dampfboot; in: Pfennig-Magazin Nr. 192 von 1835,
  S. 84 f.

Ders.: Schlachtraketen; in: EJ Nr. 9 von 1835, S. 142 f.

Ders.: Luft-Schifffahrt; in: EJ Nr. 35 von 1836, S. 54.

Ders.: Heathcoath's Dampfpflug; in: EJ Nr. 34 von 1836, S. 223 f.

Ders.: Gesalzenes Rindfleisch und Weizen aus Australien; in: ZVB Nr. 31 von 1843,
  S. 576.

Ders.: Furchtbare Zerstörungsmittel zu Lande; in: ZVB Nr. 38 von 1844, S. 757 f.

Wendler, E.: Lists Bezüge zur Chemie; in: ders.: Durch Wohlstand zur Freiheit,
  Baden-Baden, S. 192–200.

VII. Kapitel

Wendler, E.: Friedrich List (1789–1846) – Ein Ökonom mit Weitblick und sozialer Verantwortung; a.a.O.; S. 226 f. und 232–237.

List, F.: Gedanken über die württembergische Staatsregierung; in: W. I/1, S. 98 f.

o.V. (vermutlich List, F.): Aussichten; in: Der Volksfreund aus Schwaben von 1818,
  S. 295 f.

VIII. Kapitel

Wendler, E.: Ma Yinchu (1881–1982); in: Ders.: Friedrich List: Politische Wirkungsge-
schichte des Vordenkers der europäischen Integration; a.a.O., S. 150–156.
Ders.: Die politische Diskussion in China über den Beitritt zu der Welthandels-
organisation (WTO); in: ders.: Durch Wohlstand zur Freiheit; a.a.O., S. 289–295.
Deckers, W.: Self-Reliance: Mao Zedong on the shoulders of Friedrich List; in: Morgen, R.,
Lorentzen, J., Leander, A. und Guzzini, S. (Hrsg.); in: New Diplomacy in the Post-Cold
War world; New York 1993, S. 158–170.
Ders.: Mao Zedong and Friedrich List on De-Linking; in: Journal of Contemporary Asia;
24. Jg. 1994, S. 217–226.

IX. Kapitel

Wendler, E.: Reutlingen und Friedrich List; Reutlingen 1983, S. 34–37.
Ders.: „Die Vereinigung des europäischen Kontinents" – Friedrich List –
Die gesamteuropäische Wirkungsgeschichte seines ökonomischen Denkens, Stuttgart
1996.
Ders.: Friedrich List – Ein Ökonom mit Weitblick und sozialer Verantwortung, a.a.O.,
S. 225–238.
Ders.: Das Friedrich List-Institut für historische und aktuelle Wirtschaftsstudien; in:
TEX – Die Zeitschrift der Fachhochschule Reutlingen , Nr. 52 vom März 1993, S. 40 f.
Ders.: Verbindung von Theorie und Praxis; in: ders.: Durch Wohlstand zur Freiheit;
a.a.O., S.188–191.

X. Kapitel

List Gesellschaft: Die Bedeutung Friedrich Lists in Vergangenheit und Gegenwart,
Baden-Baden 1990, S. 12.
Mertins, V.: Soziale Marktwirtschaft: Auslauf- oder Zukunftsmodell?; in: List Forum,
H. 2/2013, S. 137–162.
Ott, A.E.: Wirtschaftstheorie, Eine erste Einführung, Göttingen 1989, S. 150 ff.
Wendler, E.: Das betriebswirtschaftliche Gedankengebäude von Friedrich List –
Ein Beitrag zur Geschichte der Betriebswirtschaftslehre, Diss. Tübingen 1977, S. 98.
Ders.: Friedrich List – Politische Wirkungsgeschichte des Vordenkers der europäischen
Integration, München 1996, S. 157 und 166.
Ders.: Die Friedrich-List-Gesellschaft (FLG) und der Nationalsozialismus; in:
List Forum H. 3/2005, S. 214.

Buchpublikationen des Autors

Bantleon, W., Wendler, E., Wolff, J.	Absatzwirtschaft, Praxisorientierte Einführung in das Marketing, Opladen 1976
Wendler, E.	Friedrich List – Leben und Wirken in Dokumenten, Reutlingen 1976
Wendler, E.	Das betriebswirtschaftliche Gedankengebäude von Friedrich List – Ein Beitrag zur Geschichte der Betriebswirtschaftslehre, Diss. Tübingen 1977
Wendler, E.	125 Jahre Technikum/Fachhochschule Reutlingen, Reutlingen 1980
Wendler, E.	Reutlingen und Friedrich List – Reutlinger Lebensbilder Bd. I, Reutlingen 1983
Wendler, E.	Ludwig Finckh – Ein Leben als Heimatdichter und Naturfreund – Reutlinger Lebensbilder Bd. II, Reutlingen 1985
Wendler, E.	Leben und Wirken von Friedrich List während seines Exils in der Schweiz und sein Meinungsbild über die Eidgenossenschaft, Diss. Konstanz 1984
Wendler, E.	Friedrich List – Die Welt bewegt sich – Über die Auswirkungen der Dampfkraft und der neuen Transportmittel ... 1837, Göttingen 1985
Wendler, E.	Friedrich List – Politische Wirkungsgeschichte des Vordenkers der europäischen Integration, München 1989
Wendler, E.	Friedrich List – Der geniale und vielverkannte Eisenbahnpionier, Reutlingen 1989
Wendler, E.	Friedrich List – Eine historische Gestalt und Pionier auch im deutsch-amerikanischen Bereich – A Historical Figur and Pioneer in German-American Relations, München 1989
Wendler, E.	„Das Band der ewigen Liebe" – Clara Schumanns Briefwechsel mit Emilie und Elise List, Stuttgart 1996
Wendler, E.	„Die Vereinigung des europäischen Kontinents" – Friedrich List – Die gesamteuropäische Wirkungsgeschichte seines ökonomischen Denkens, Stuttgart 1996
Wendler, E., Gemeinhardt, H.A.	„Sey ihm die Erde leicht" – Nachrufe zum Tode von Friedrich List, in: Reutlinger Geschichtsblätter; Jg. 1996, N.F. 35, S. 9-181
Wendler, E.	Durch Wohlstand zur Freiheit – Neues zum Leben und Werk von Friedrich List, Baden-Baden 2004
Wendler, E.	Praxisnähe und Internationalität von Anfang an – Von der Webschule zur Hochschule Reutlingen – Historischer Rückblick auf die Entwicklungsgeschichte zum 150-jährigen Jubiläum im Jahre 2005, Reutlingen 2005
Wendler, E.	Friedrich List – Das nationale System der politischen Ökonomie, Baden-Baden 2008

Wendler, E.   Reutlingen – Geschichte und Gegenwart einer lebendigen Stadt,
                     1. Aufl., Reutlingen 2011

Wendler, E.   Gründung und Entstehung der Reutlinger Betriebswirtschaft,
                     Reutlingen 2012

Wendler, E.   Reutlingen – Geschichte und Gegenwart einer lebendigen Stadt;
                     2. erweiterte Aufl., Reutlingen 2013

Wendler E.   Friedrich List (1789–1846) – Ein Ökonom mit Weitblick
                     und sozialer Verantwortung, Wiesbaden 2013.

Wendler, E.   Reutlingen – Geschichte und Gegenwart einer lebendigen Stadt,
                     3. erweiterte Aufl., Reutlingen 2014.

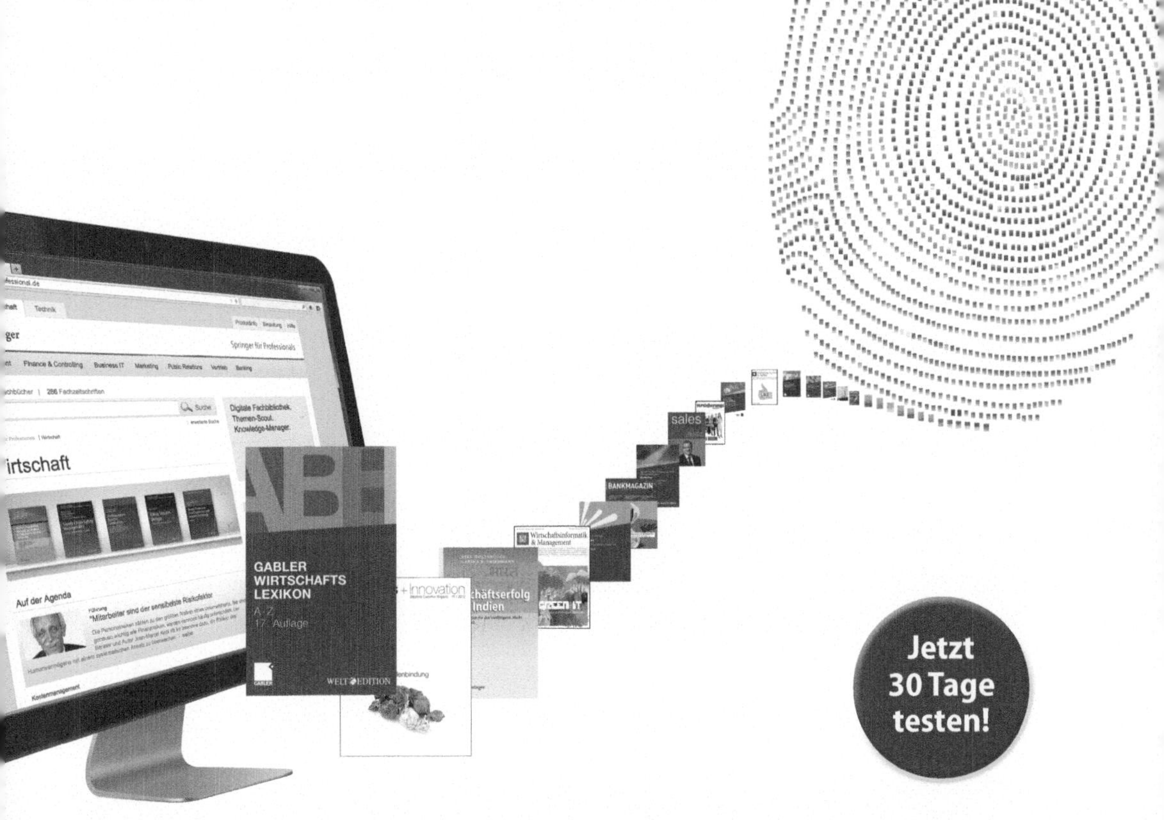

The manufacturer's authorised representative in the EU is Springer
Nature Customer Service Centre GmbH, Europaplatz 3, 69115 Heidelberg,
Germany. If you have any concerns regarding our products, please
contact ProductSafety@springernature.com

Printed and bound by CPI Group (UK) Ltd, Croydon, CR0 4YY
27/04/2026
02097619-0010